PAPERS ON ARCHAEOLOGICAL SCIENCE IN CHINA:
A CELEBRATION OF THE ESTABLISHMENT OF FUDAN ARCHAEOLOGICAL SCIENCE INSTITUTE

中国科技考古纵论

袁靖 ◎主编

复旦大学出版社

图一　与会人员合影

图二　宋新潮副局长、许宁生校长为科技考古研究院揭牌

图三　金力副校长致词

图四　国家文物局宋新潮副局长致词

图五　文物与博物馆学系陆建松主任致词

图六　文科科研处处长陈玉刚主持开幕式

图七　宋新潮、许宁生、金力、陈志敏为科技考古研究院顾问委员颁发聘书（从左至右：王昌燧，陈志敏、李学勤、许宁生、干福熹、宋新潮、金力、刘庆柱、王巍、承焕生）

图八　许宁生校长向科技考古研究院袁靖院长颁发聘书

图九 复旦大学陈淳教授主持圆桌讨论

图十 圆桌会议讨论现场

摄影：朱熠蕾

目 录

001 复旦大学科技考古研究院的缘起与使命(代前言)…… 陆建松

001 领导致词

003 在复旦大学科技考古研究院成立大会暨科技考古学术
 研讨会上的致词………………………………… 宋新潮
006 在科技考古研究院成立大会暨科技考古学术
 研讨会上的致词………………………………… 金 力

009 会议演讲

011 考古学需要什么样的科技考古
 ——以良渚遗址为例………………………… 王宁远
019 考古学需要什么样的科技考古
 ——以广富林遗址为例……………………… 陈 杰
027 知行合一 守得云开
 ——陶瓷考古的探索和实践………………… 沈岳明
034 科技考古
 ——开启中国考古学的黄金时代…………… 林留根
041 碳十四测年的研究进展与思考………………… 吴小红
045 环境考古的研究进展与思考…………………… 莫多闻

052 人骨考古的研究进展与思考
　　——以小河墓地研究为例……………………朱　泓
061 生业研究的进展与思考
　　——以中原地区为例………………………………袁　靖
067 冶金考古的研究进展与思考
　　——以矿冶遗址研究为例…………………………李延祥
077 敢问路在何方？
　　——我国稳定同位素分析的研究简史、现状及思考…胡耀武
082 总结………………………………………………………王　巍

圆桌讨论
087 中国科技考古展望

学术讲座
115 早期丝绸之路上的技术变革
　　——甘肃洮河流域的田野考古成果
　　………………………………傅罗文（Rowan Flad）
125 科技考古能够拯救世界吗？…基斯·多布尼（Keith Dobney）

相关文档
139 上海倡议
141 复旦大学科技考古历史回顾
171 复旦大学科技考古研究院发展规划

附录
189 复旦大学科技考古研究院顾问委员会与学术委员会名单
191 复旦大学科技考古研究院成立大会暨科技考古学术研讨会
　　参会人员名单

194 后记

复旦大学科技考古研究院的缘起与使命
（代前言）

陆建松　复旦大学文物与博物馆学系主任

2017年9月23日复旦大学科技考古研究院正式成立，国家文物局主管副局长宋新潮先生、复旦大学校长许宁生院士、复旦大学干福熹院士、复旦大学副校长金力院士、中国社会科学院考古所刘庆柱学部委员和王巍学部委员、北京大学考古文博学院李伯谦教授和赵辉教授，以及国内相关高校和各省市考古研究所的考古专家出席了研究院成立大会。复旦科技考古研究院是国内成立的首个科技考古研究院，也是复旦大学"双一流"建设校级跨学科重点研究平台。

复旦大学科技考古研究院的成立顺应了国际考古学发展的大趋势，因而引起了国内外考古学界的广泛关注和好评。国家文物局主管副局长宋新潮先生在致词中指出，复旦大学科技考古研究院的成立做到了"天时""地利""人和"。他对复旦科技考古研究院寄予厚望，鼓励研究院首先要参与到"长江流域文明化进程"这一国家级大课题中，为剖析中华文明的早期格局做贡献；其次要做好考古人才培养，为中国的考古事业扩充队伍；最后，还要放眼世界，把中国科技考古的成果推向世界，在世界舞台上讲好中国故事。国内兄弟院校和考古研究所纷纷表示祝贺和鼓励，李伯谦教授、刘庆柱学部委员、王巍学部委员、赵辉教授等国内知名考古学权威都表示祝贺和支持。中国文化遗产研究院总工程师曹兵武先生著文认为"复旦大学成立科技考古研究院或将成为考古学史上的一件大事"。国际考古学界也表示了很大的关注，美国华盛顿大学的人类学教授詹姆斯·沃茨奇（James Wertsch）和刘歆益教授、英国利物浦大学的考古学教授基斯·多布尼(Keith Dobney)等都表示祝贺,并计划与复旦大学科技考古研究院合作。中新网、科技网、澎湃新闻网、光明网、中国科技报、文汇报、解放日报、中国文物报等国内媒体纷纷予以报道。

一、复旦科技考古研究院的缘起

诚如宋新潮先生所说,复旦大学科技考古研究院的建设做到了"天时""地利""人和"。

首先,科技考古研究院的建设顺应了党中央提出的弘扬和传承中华优秀传统文化、建设社会主义文化强国的战略决策。

2017年1月中共中央办公厅、国务院办公厅发布了《关于实施中华优秀传统文化传承发展工程的意见》,强调:文化是民族的血脉。中华文化源远流长、灿烂辉煌。在5 000多年文明发展中孕育的中华优秀传统文化,积淀着中华民族最深沉的精神追求,代表着中华民族独特的精神标识,是中华民族生生不息、发展壮大的丰厚滋养,是中国特色社会主义植根的文化沃土,是当代中国发展的突出优势,对延续和发展中华文明、促进人类文明进步,发挥着重要作用。复旦大学作为全国一流学府、综合性高等院校,理应充分发挥综合学科和人才集聚的优势,为传承中华文化基因、弘扬中国精神、传播中国价值、不断增强中华优秀传统文化的生命力和影响力做出贡献。

其次,科技考古研究院的建设顺应国际考古学研究发展的大趋势,有利于开创新时代中国考古的新局面。

当今欧美考古学的特点是以问题为导向,以科技考古为手段,体现了科学实证的主流趋势。其操作过程包括大量自然科学相关学科的方法和技术,需要提取各种完整系统的材料进行多种测试、实验和分析,整合各种信息进行逻辑推理,以透物见人的方式重建已逝的历史场景,探讨历史发展的规律。能否在考古学研究中更加广泛、更加有效地运用多种自然科学等相关学科的方法和技术,已经成为21世纪衡量一个国家考古学研究水平极为重要的标尺。显然,国内以地层学和器物形态比较学为主要方法论的传统考古学已难以适应国际考古学研究的发展趋势和我国考古学发展的实际需要,科技考古有利于开创新时代中国考古的新局面。

再次,科技考古研究院的建设有利于促进多学科交叉和文理合作模式,实现高水平的学科整合。

建设科技考古研究院,不仅有助于推动我国考古学的长足发展和进步,而且从更广的现代学科建设角度来看,还有利于不同学科之间通过资源和知识的整合,共同攻克以往单个学科无法解决的科学问题,取得"1+1>2"的突破性发现或发明,有利于进一步开拓自然科学和人文科学研究的新空间和新天地。因此,科技考古的发展是一所综合性大学学科交叉建设和科学研究取得双赢甚至多赢效应的不可多得的优势平台。

最后,复旦大学具有建设国际一流科技考古研究院的多学科基础和优势。

复旦大学在科技考古领域已有四十多年的历史。早在20世纪70年代,李郁芬教授就从事中国古代西汉透光镜研究,揭开了古镜透光之谜并首次复制成功。杨福家院士率先应用物理手段测试越王勾践剑成分,开启了科技考古的新视野。干福熹院士利用科技手段测试考古出土材料,基本厘清了中国古代玻璃的技术史,填补了我国古代科技史研究的一项空白。生命科学学院金力院士团队通过现代与古代人类DNA的系统研究,逐步揭示东亚人群的遗传结构与特征,成就独步学界。生态与进化生物学系卢宝荣教授团队研究长江下游地区早期水稻驯化与籼粳遗传分化问题,确立了判断出土水稻遗存驯野属性的鉴定标准,还以古DNA证据揭示了水稻在原生驯化地的遗传分化规律和特征,受到国内外考古学界的肯定。现代物理研究所承焕生教授团队基于利用PIXE测试古陶瓷的元素构成,为古陶瓷技术研究和鉴定提供了奠基性的数据库。杨玉良院士对纸质材料的研究为纸质文物保护做出了贡献。同时,复旦大学文物与博物馆学系是全国著名的考古文博科研和教学机构,在考古学、文化遗产、文物保护和博物馆学方面有很好的基础,参与了国家三峡考古工程和南水北调考古工程等一大批考古项目。总之,复旦大学具有建设科技考古研究院不可多得的多学科优势。

二、复旦科技考古研究院的使命与目标

从长远看,复旦大学的科技考古研究院将直接与国际考古学界的前沿发展趋势接轨,以欧美考古学范式为蓝本,以国际和国内前沿课题为鹄的,以高

水平综合性大学为依托,充分利用复旦大学的多学科综合优势,广泛联系和整合国内外科技考古的学术资源,旨在建立国际与国内具有重要影响力的、具有复旦大学特色的、能与欧美考古研究机构比肩的,兼具科研、教学和理论创新功能的科技考古研究院。

首先,紧跟国际考古学趋势,以考古学问题为导向,广泛采用自然科学方法和技术开展创新性考古学研究。

今天,考古学已经逐渐成为一门以人文社会科学研究为目的、广泛采用自然科学等相关学科的研究方法和技术的学科。虽然国际考古学界愈来愈展现科学实证方法的主流趋势,采用大量自然科学的方法和技术,但我们充分认识到科技手段只是为考古学所用的研究方法,考古学仍然应当清醒地意识到理论优先和问题导向的核心重要性。因此,复旦大学科技考古将扬弃国内一些考古研究仍以正经补史为导向的理论视角,而是紧跟国际学界的前沿趋势,聚焦考古问题,以探究古代社会变迁的动因和过程为导向,对我国古代社会的各个方面做全方位的信息提炼和历史重建,重点聚焦当今国际考古学三大基本的战略性问题——人类起源、农业起源和国家文明起源。我们将基于中国的考古材料,瞄准这三大战略问题,着手科研团队的组织,制定科研攻关的目标,使研究成果具有特色和亮点,甚至具有突破性的意义。

其次,加强科技考古各个领域之间的合作和交流,通过多学科整合,打造一支各研究分支高度整合互补的科技考古团队。

目前,国内主要高校的考古学教师配备和专业方向基本上还是以传统考古学为主。与国外高校考古学教授大多擅长某个科技领域的格局相比,国内高校的专职科研教学人员基本上是某个历史阶段和某个地区考古的专家。另一方面,在中国的考古研究体系中,科技考古只是少数人的专攻,而且各行其是,缺乏多学科整合的基础和机制。对此,在建设和发展复旦大学科技考古研究院的过程中,我们将坚持强调各分支学科的有用性与整合度,对研究人员的物色和考察也特别关注其专业擅长之间的互补性,尽可能使之达成既有专业分工,又你中有我、我中有你的局面。我们希望通过打造一支高度整合互补的团队,在单个考古项目中凭借多分支、跨学科的综合研究,拿出臻于国际优秀水平的成果。同时,复旦大学科技考古研究院也将努力为中国考古学科建设树立一种堪与国际通行做法媲美的全新发展模式。

最后，利用复旦大学多学科的优势，形成考古信息采集、阐释研究和展示传播三位一体的考古学科特色。

考古遗址包含丰富的信息，例如自然环境、生产（农业、手工业、工具）、生活（衣食住行）、智慧与技术、社会关系、意识形态等。虽然改革开放以来，我国考古学取得了辉煌的成就，但毋庸讳言，我国传统考古学仍然存在诸如重发掘、轻研究，重区系和分期、轻阐释和还原研究，重器物、轻遗迹，重有形材料采集、轻无形信息采集等弊端。我们将在克服传统考古学上述弊端的基础上，积极主动地与国内外学术机构合作，利用复旦大学多学科的优势，广泛借鉴动物学、植物学、孢粉学、环境科学、地理学、材料学、古DNA等自然科学的技术和方法，系统、完整地提取考古遗址的信息，包括物质的和非物质的、显性的和隐性的、有形的和无形的，例如古地理信息、器物残片、植物孢粉、植物纤维、农作物颗粒和淀粉、动物和人类遗骸等。在此基础上，对考古遗址信息开展进一步的阐释和还原研究，旨在重建遗址的自然面貌和人的生产、生活活动，最终实现考古学的使命；并进一步推动考古研究成果向展示传播和公共利用的转化，服务考古学传承中华文化基因、弘扬中国精神、传播中国价值、讲好中国故事的时代使命。

三、复旦大学科技考古研究院的重点研究领域

复旦大学科技考古研究院将有所为、有所不为，形成自己的研究特色和优势，我们将重点发展三个专业研究领域：生物考古学、古代人工制品研究、考古资源保护与利用。

（一）生物考古学

在国际考古学界的分类体系中，生物考古学主要包括人骨考古、动物考古、植物考古、DNA分析、同位素分析等五个方面，是当前国际考古学界重点关注和全力推动的研究领域。

以考古学思想史研究开创了20世纪考古学理论研讨新模式的加拿大著名考古学家布鲁斯·特里格（Bruce Trigger）曾说，考古学研究的宗旨在于揭示和说明人类社会在本质上相辅相成的两个方面，一是其生物性的高度一

致,另一是其文化性的高度复杂与多元。因此,我们将以这两条主线为指导,将生物考古学建设的目标定为两个方面。其一,以先进的人类生态学理论为考察框架,借助科技手段细化我们对过去的认识,从而将"人"置于研究的核心地位,真正实现当今与过去、今人与古人之间的沟通。其二,以生产力决定生产关系、经济基础决定上层建筑这个历史唯物主义的基本观点为指导,适应国际考古界聚焦生业经济与社会政治相互关系的研究趋势,针对中国考古界在该领域较为薄弱的现状,将中国古代生业经济状况、生业经济与上层建筑的相互关系作为主攻研究方向。

复旦大学文物与博物馆学系现有从事动物考古(袁靖、董宁宁)、植物考古(潘艳)、同位素分析(董惟妙)的研究人员,我们将再引进多位这一领域的科研人员,加强与复旦大学生命科学学院的合作,建立植物考古实验室、动物考古实验室和同位素分析实验室,同时与生命科学学院开展DNA方面的合作研究,为全方位地开展生物考古学研究奠定基础。通过努力,争取在研究思路和研究成果上努力形成复旦大学科技考古的研究特色,并逐步在国内考古界发挥引领作用。

(二)古代人工制品研究

古代人工制品研究因其研究对象材质不同而涉及不同类型的研究手段,暂将其分为硅酸盐制品和金属制品两个方向。

1. 硅酸盐制品分析

考古出土的人工制品中有大量属于硅酸盐类的材料,包括石制品、陶瓷、玉器、玻璃及其他矿物质地的制品。我们认识到,中国考古中最大量的出土材料就是陶瓷器,在传统类型学(陶器)和鉴定(瓷器)分析之外,亟待一种更具客观性和可操作性的方法参与其信息解读。因此,陶瓷考古学是我们发展的重点。

通过陶瓷截面切片标本的岩相学分析,可以判断该陶器结构和机理的成因,从而为原料产地和制作工艺提供直接或间接的信息。此外,岩相分析与其他分析手段的结合,如PIXE成分分析、3D扫描成像等,能够帮助确定一些特定工艺特征的成因,使我们更加全方位地复原陶器或瓷器烧造的过程。这类大宗人工制品生产信息和工艺的解读对认识一个社会的工艺技术、社会经济结构、劳力组织、财富分配、物资流动、权力形成、文明与社会复杂化进程等宏观问题具有很大的价值。在国际上，这种方法已广泛用于研究陶器的制作工艺以及与之相关的文化历史问题，但在国内，同类研究与实验室建设仍然是空白。中国考古中最大量的出土材料就是陶瓷器，这是极具突破性潜质的探索领域。

陶瓷同源，瓷器是中国古代特有的伟大发明。瓷器的出现深刻改变了古代中国人的社会生活、行为模式和文化品位，它不仅是最普遍的日常用品，而且也是宫廷贵族象征地位和权力的奢侈品，它所能同时发挥的象征、艺术和实用功能优势，使它渗透到了我国古代社会政治、经济、贸易、文化与日常生活的方方面面。同时瓷器也是最具中国特色的文明因素，是中国与世界各国进行经济和文化交流的主要产品之一。虽然上海硅酸盐研究所、北京大学等在陶瓷科技分析和陶瓷考古方面做了不少工作，但目前国内陶瓷考古学仍旧处于发展的初级阶段，研究人员分散，主要工作是发掘窑址、整理资料以及探讨瓷窑的时空格局，没有形成系统的研究理论与方法，没有对全国范围内的陶瓷研究进行全方位的考察，这种局面与瓷器大国的身份明显不符，亟待改变，这也是极具突破性潜质的探索领域。我们将引进陶瓷考古领域的优秀人才，进行学科整合，逐步建成全国性的古代陶瓷考古研究中心、古陶瓷数据库与古陶瓷标本中心。

2. 金属制品分析

作为中国古代文明的象征之一，中国的青铜器以其美轮美奂的造型和高超的制作技术闻名于世，青铜冶铸技术也促进了中华早期文明的发展进程。铁器虽其貌不扬，但因其比青铜器有着更好的使用性能及更高的技术要求而得以开创一个新的时代，特别是中国古代发明的生铁冶炼及利用生铁制钢的技术，不仅是世界冶金史上的一大创造，也为秦汉帝国的建立提供了物质基础。对青铜器、铁器、金银器和其他古代使用的金属及其制作技术进行金相分析、同位素分析、微量元素分析和电镜观察等多种观察、检测和分析，不仅可以了解中国古代金属技术的发展历程，而且可以探讨有关不同地区的文化交流、技术传播以及社会发展的问题。这是一个亟待努力开发与拓展的研究领域。

（三）考古资源保护与利用

考古资源保护与利用主要涉及田野发掘出土文物的提取与保护，以及考古学科研成果的知识传播和公众普及。

考古学是一门还原古代社会的学科，发掘、研究不是考古学的最终目的，考古学的最终目的是为现代人服务和利用。因此，除了考古发掘和研究外，考古学也包括考古出土文物（有机和无机文物）的保护和利用。在现代考古学的语境中，"公众考古学"已成为考古资源和遗产利用的代名词，其宗旨是使考古学科研成果能转化为可供公众利用的公共文化知识，为非考古学专业的公众所分享利用，是实现考古学社会效益转化的首要途径。为了"让文物活起来"，满足和服务当代人的需求，考古学必须关注考古资源和遗产的展示传播和公众利用等问题。只有对考古遗址信息进行系统、完整的采集和科学的还原研究，才能对考古遗址及人的活动进行全景式的展示，才能准确、完整、生动地讲述这片遗址上人的故事，才能体现考古发掘和研究的意义与价值。

复旦大学除了考古学，还拥有博物馆学、文物保护等学科，并且在博物馆展示、文物保护方面有良好的基础。因此，我们有条件、有信心将复旦大学科技考古研究院建设成为一所集考古研究、保护及利用的具有综合解决能力的多功能研究院。

复旦大学科技考古研究院经历了近两年时间的艰苦努力。其间，研究院的筹建得到了复旦大学校领导许宁生校长、金力副校长、干福熹院士、前副校长林尚立教授（现为中共中央政策研究室秘书长）、主管文科的校长助理陈志敏教授的亲自指导和鼎力支持，规划处、文科科研处、人事处、资产处、研究生院等学校相关职能部门也给予了大力支持，以陈淳教授、袁靖教授和我本人及文博系考古学方向教师组成的筹备小组对研究院规划方案先后进行了十三次修改，并得到了国内外许多考古专家的指导。可以说，没有学校领导的高瞻远瞩及学校职能部门的支持，没有国内外考古界同仁的支持和筹备小组大家的辛勤努力，复旦大学科技考古研究院的建立是不可能的，在此，谨表示衷心的感谢！

复旦大学科技考古研究院的建设和发展刚刚起步,其成长和发展离不开国家文物局、兄弟高校以及各省市考古研究所的关心和支持。我们将秉持"开放、合作、共赢"的原则,与国家文物局、中国社会科学院考古研究所、北京大学考古文博学院、兰州大学西部环境教育部重点实验室、上海市文物局、上海博物馆、江苏省考古研究所、浙江省文物考古研究所及其他兄弟高校和考古研究所广泛开展合作和交流,取长补短。我们还将放眼国际,与加拿大多伦多大学人类学系、美国哈佛大学人类学系、英国利物浦大学考古学系、法国国家自然历史博物馆及其他国际学术机构开展广泛合作和交流。唯有大家不断予以支持和帮助,复旦大学科技考古研究院才能取得更大的发展和进步。

《中国科技考古纵论》这本书记录了复旦大学科技考古研究院成立的缘起和经过,全部内容都闪烁着思想的火花。这本书作为"复旦科技考古文库"首批的一种,是一个良好的开端。展望未来,前面的路还很长很长,我们将奋力前行,用自己的研究成果持续撰写新的篇章。

领 导 致 词

编者按：在复旦大学科技考古研究院成立大会暨学术研讨会上，国家文物局副局长宋新潮先生和复旦大学副校长金力先生先后致词，对科技考古研究院的成立表示热烈祝贺，并对科技考古研究院今后的发展提出殷切期望。在征得两位领导的同意后，我们把他们的发言稿全文刊登于此，供大家学习和思考。

在复旦大学科技考古研究院成立大会暨科技考古学术研讨会上的致词

宋新潮　国家文物局副局长

尊敬的许宁生校长、干福熹院士、金力副校长、各位专家：

大家好。

今天，我们齐聚一堂，庆祝复旦大学科技考古研究院正式挂牌，交流中国科技考古的主要研究成果，探讨未来的发展趋势。首先，我代表国家文物局向复旦大学科技考古研究院的成立表示热烈的祝贺。

党的"十八大"以来，文物事业得到全社会极大的重视。习近平总书记指出，文物承载灿烂文明，传承历史文化，维系民族精神，是老祖宗留给我们的宝贵遗产，是加强社会主义精神文明建设的深厚滋养。做好文化遗产的发掘、研究、保护和展示工作，是我们文物考古工作者的神圣使命。

科技考古属于考古学，是先进的当代科学与古老的文化命题两相结合的产物。当前，科技考古在中国方兴未艾。复旦大学科技考古研究院的成立，可谓占有"天时""地利"与"人和"。

国家文物局在今年发布的《国家文物事业发展"十三五"规划》和《关于加强"十三五"文物科技工作的意见》两项文件中，指出了"科技"在文物事业上的关键作用；在2017年的工作要点中，更加明确强调"深化科技考古"，希望把科技方法进一步融入考古学研究之中，拓展考古学研究的内容，提升考古学研究的科学化、标准化水平。可见，全方位地开展科技考古研究，定将成为今后中国考古学发展的重头戏。国家文物局在未来五年内将密切关注科技考古的发展动向，不遗余力地给予支持。因此，复旦大学在今天成立科技考古研究院，可以说是准确地把握了当今考古学的发展大势，占得"天时"。

上海地处长三角的枢纽位置，是我国的经济重镇、科技高地，也是享誉世界的国际化大都市。复旦大学是具有众多一流基础学科的综合性研究型大学。上海这个城市雄厚的经济实力、高水准的教科文体系、开放活跃的科创氛围，以及复旦大学理工科、医科、文科齐备的优良环境，为复旦大学科技考古研究院的成立和发展奠定了坚实的基础。复旦大学科技考古研究院的"地利"主要体现在它所处的区位优势及学校特点上。

科技考古依托的是科学技术，但我们讨论的问题始终离不开"人"。我们研究的对象是过去的"人"，而剖析他们的研究者则是现在的"人"。"人"在考古学科中有着双重的重要性。我们欣喜地看到，复旦大学的科技考古团队走过了40多年的研究历程，有相当丰富的科研经验、较为合理的人员配置，老中青三代考古人都在其中发挥着各自的作用。此外，复旦大学从事核物理、生命科学研究的科研教学人员多年来一直和考古研究人员共同开展研究，业已取得多项成果。复旦大学文物与博物馆学系的师生们亦和江浙沪多地的考古研究人员长期合作，硕果颇丰。这些都是"人和"的重要体现。

放眼复旦大学科技考古研究院的发展前景，一片光明。为了更好地推动学科发展，我在这里提出三点希望：

第一，积极参与"考古中国"重大研究工程。长江下游地区从史前时期起就是先民生息的家园，有着渊远的历史根脉、深厚的文化积淀。从河姆渡、马家浜到崧泽、良渚，再到广富林、马桥，直至进入历史时期，这些都是剖析中国文明多元一体格局的关键所在。就研究长江下游地区古代文明这一课题而言，复旦大学科技考古研究院有着近水楼台的优势。国家文物局希望复旦大学的科技考古团队能尽快加入"考古中国"——长江流域文明化进程的国家级大课题之中，积极承担长江下游地区的考古研究任务，为推进这一区域文明进程的研究做出贡献。在此基础上，还要认真考虑在参与其他地区的考古学研究中发挥自己的独特作用。

第二，做好考古人才培养工作。中国科技考古依然有着较大的人才缺口。今年年初，国务院在关于进一步加强文物工作的指导意见中指出，文物考古事业必须重视人才培养。培养高素质的人才是保证中国考古事业欣欣向荣的主要动力。为此，从长远来看，我们必须继续充实科技考古研究人员的队伍，同时要全方位地提高考古研究人员的综合研究能力。复旦大学作为全国乃至全球都著名的学府,拥有优秀的师资和生源,希望你们努力提高科技考古教学质量,潜心培养新一代一专多能的科技考古人才;并逐步参与考古研究人员的培训,完善他们的知识结构,为中国的考古事业不断输送高水平的研究人才,为帮助考古人员更加适应新时代考古发展的需要贡献自己的力量。科技考古研究院应力争在国内外考古界逐步确立具有复旦大学特色的学术科研地位。

第三,加强中国科技考古与国际学术界的交流。放眼世界,科技考古各个领域的研究方法和技术是相通的,各个领域面对的研究材料的属性是一致的,不因文化和地域差异而存在隔阂。因此,科技考古是中国考古面向世界的一扇重要窗口。国际科技考古领域的诸多前沿研究对我们深入开展中国科技考古的相关研究具有十分有益的启示,我们要在推进国际合作研究的基础上,认真关注、思考和借鉴国外学者的研究思路、技术路线以及科研成果。同时,我们也应该在加强国际交流的过程中,把中国科技考古的最新成果推向世界。

最后,我代表国家文物局,再次向复旦大学科技考古研究院的启动表示祝贺,由衷希望复旦大学发挥自身优势,开展广泛合作,推动中国的科技考古事业蓬勃发展,为在世界舞台上讲好中国故事做出自己卓越的贡献。

谢谢大家。

科技考古研究院成立大会暨科技考古学术研讨会上的致词

金 力 复旦大学副校长

尊敬的宋新潮副局长、许宁生校长、干福熹院士、各位专家：

大家好。感谢诸位前来参加复旦大学科技考古研究院的成立仪式，这是我们复旦大学的荣幸和骄傲。首先，我谨代表复旦大学向专程前来祝贺的国家文物局副局长宋新潮先生和各位嘉宾表示热烈的欢迎。

今年年初，中共中央办公厅、国务院办公厅印发了《关于实施中华优秀传统文化传承发展工程的意见》。考古学拥有求索中华文明之根的远大目标，这是对优秀传统文化的一种发掘和弘扬。复旦大学是中国人自主创办的第一所高等院校，具有悠久的文化传承。因此，科技考古研究院在复旦大学落成，可谓是站在了一个传统与现代交融、历史与未来交汇的时代路口。

回顾历史，复旦大学与科技考古有着40多年的渊源。

早在1974—1976年，复旦大学原物理二系的国家科技功臣李郁芬教授就对西汉的透光镜进行研究，揭示了古镜透光的机制，并首次复制成功，荣获1978年全国科学大会奖。1978年，我国著名物理学家、复旦大学老校长杨福家院士与北京科技大学的柯俊院士合作，对越王勾践剑的制作材料做了分析，这些研究开启了复旦大学科技考古的先河，而干福熹院士也在应用科技方法研究古玻璃方面做出了创新性的贡献。进入21世纪以来，科技考古研究蓬勃发展。生命科学学院、现代物理研究所和核科学与技术系及校内外实验室的研究人员分别与文物与博物馆学系的陈淳教授、高蒙河教授、潘碧华副教授、王荣副教授、潘艳副教授等合作，开展了古代人骨DNA分析、人骨微量元素与古食谱复原、人骨病理状况研究、植物考古、动物考古、孢粉分析、古环境复原及古代人工制品等多个方面的共同研究,成果斐然。除此之外,在理论建设上,陈淳教授承担了翻译西方考古学经典著作的国家社科基金重大项目。他翻译的多本西方经典著作都为科技考古的应用夯实了理论基础。

我们今天所处的时代是科技引领一切的时代,在考古界也呈现出科技考古强势崛起的趋势。小到一粒水稻的种植,大到人类的起源,科技考古参与研究的问题,都为我们提供了耳目一新的见解。我们复旦大学的考古人预见到了科技考古的发展势头,迫切希望能为这时代的大潮推波助澜。因此,我们适应时代、顺势而为,在今天正式成立了科技考古研究院。

我们校方会不遗余力地推动科技考古研究院的建设和运行,做科技考古研究院坚强的后盾。首先,学校会投入经费、添置场地、增设编制,全面完善科技考古研究院硬件和软件设备。尤其在研究院的草创之际,我们会尽力在各方面给予支持,为未来科研项目开展打下扎实基础。

其次,学校会积极调配资源、疏通障碍,为科技考古的跨学科合作铺设平台。复旦大学作为全国乃至全球知名的高等学府,每一个学科都有较强的竞争力。跨学科合作意味着强强联手,再创新高。我们会大力提倡跨院系的资源共享和学术交流,同时全力扫清因院系的行政设置所带来的不便,确保学科合作上的"无缝对接"。

第三,我还要鼓励研究院走出校园、拓展疆域,步入更广阔和自由的研究领域。我们的文博与考古各项工作都离不开国家文物局的指导和关心,过去如此,今后也必然如此。恳请国家文物局始终给予鼎力支持和具体指导。同样,来自全国文物考古界的关心和帮助也是必不可少的。研究院要与各家考古科研和教学机构保持紧密联系、多方合作。我代表学校衷心希望在座的各位来宾能在今后不断给予我们研究院以指导和扶持。

第四,要进一步加大与国际学术界交流的力度,在国际合作中壮大科技考古研究院的实力。我们已经和加拿大多伦多大学签署了战略合作协议,开展了植物考古的合作研究,取得了可喜的成果。今后要进一步拓展国际合作的空间,加速双向交流:一方面,吸引更多的国外学者聚焦中国的科技考古,推动合作研究,提高我们的研究水平;另一方面,我们也要走向世界,在国际性的学术刊物上发表我们的研究成果,扩大复旦大学的国际影响力。

科技考古在复旦大学有着将近40年的历史,我对复旦大学科技考古的未来充满希望。衷心祝愿研究院能在科技考古的领域大展宏图。这是期许，也是勉励。复旦校方将会始终支持研究院的各项发展，让我们拭目以待，期待复旦大学科技考古研究院为中国的考古事业作出自己独到的贡献，在国际学术舞台上展示中国风采。

　　谢谢！

会 议 演 讲

编者按： 在学术研讨会上，我们邀请部分考古学家和科技考古研究人员作专题发言，其中给考古学家的思考题目是"考古学需要什么样的科技考古"，给科技考古研究人员的思考题目是"科技考古的思考与实践"。 在汇总科技考古研究人员的文章之际，我们发现原先邀请的发言者中缺少环境考古方面的探讨，由于北京大学资源与环境学院的莫多闻教授在后来的圆桌讨论环节做了较长的发言，故恳请他进一步充实他的发言，将其改写成文章，放在专题发言中。 这样，全部专题发言的内容可以分为三大部分： 一部分是由王宁远研究员和陈杰研究员分别阐述浙江省杭州市良渚遗址和上海市广富林遗址的发掘和研究中，考古学家如何组织科技考古的相关研究，针对具体的遗址进行探讨。 沈岳明研究员的发言则涉及在瓷器考古研究中如何包含科技考古的内容；而林留根研究员则从考古学家的角度，梳理了科技考古在考古学中发挥作用的进程。 另一部分主要是吴小红、莫多闻、朱泓、袁靖、李延祥、胡耀武等科技考古研究人员按照各自的研究领域，对年代测定、环境考古、人骨考古、动植物考古、冶金考古、同位素分析等的研究或对相关研究思路和方法的反思。 最后一部分是王巍学部委员对发言的总结。 以上内容，可以说比较全面地涵盖了当今考古学研究的前沿课题。

考古学需要什么样的科技考古
——以良渚遗址为例

王宁远　浙江省文物考古研究所

首先,很高兴能代表浙江省文物考古研究所良渚工作团队对复旦大学的科技考古研究院的成立表示热烈的祝贺。受刘斌所长的委托,我在这里给大家做一个简单汇报,以良渚古城考古为例,介绍一下我们这几年与科技考古相关的研究工作,以及在新的形势下,我们这些传统的考古领队如何改变我们的意识、改变我们原先的身份认知,同时对从事科技考古的同仁们提出一些期望。

就新石器时代考古来说,现在有一个大的背景,就是已经由物质文化史的研究逐步转向了社会史的研究阶段。以考古学为主要手段,以区系类型、文化谱系的构建作为主要任务的传统时代已经逐步过去了,我们要全面研究古代社会,让遗产和遗物活起来,仅以传统考古学家之力肯定是无法承担的。2007年良渚古城确认以后,良渚遗址的考古工作取得了持续的进展。从宏观的角度看,我们新发现了良渚古城的外郭,以及西北侧的防洪水利系统,从而揭示出良渚古城从内到外的四重结构。其中多学科合作的科技考古手段,在其中起到了非常大的作用。我主要讲四个方面:第一,数字高程模型在良渚古城外郭探索中的应用;第二,遥感技术在良渚外围水利系统研究和发现中的具体应用;第三,介绍一下我们最近做的其他一些多学科合作研究;第四,谈一谈在新的时代传统考古学家的角色转换中我们的一些认识。

第一,数字高程模型在良渚古城外郭探索中的应用。数字高程模型(Digital Elevation Model),简称DEM,是通过有限的地形高程数据实现对地面地形的数字化模拟。是地理信息系统(GIS)的一种产品,熟悉GIS软件的人可以利用数字地图在几分钟的时间内做完一个DEM文件。DEM手段的使用和良渚古城外郭的发现直接相关,已成为我们寻找良渚古城结构最有效的手段之一。通过DEM,再结合传统的考古勘探,我们最终确认了良渚古城外围有一个外郭。这个就是我们发现的良渚古城城墙,红颜色的就是城墙,发现以后我们就开始通过勘探寻找它的外部结构,就是在相隔大约两到三米或者是五米的间距,用洛阳铲勘探,把整个区域的遗址都勘探出来了,图中外面那个有色块的部分就是有堆积的范围(图1)。但是实际上,在图上我们仍然无法看出是否有结构遗迹。同时,其成本是非常高的,按照这种密度勘探的话,1平方千米的费用要两三百万人民币。而如果我们用一张这个区域的1∶500数字地图制作数字高程模型,就可以很清楚地发现在古城东南部有一圈框形结构。2009年,在北京大学的李水成教授、哈佛大学的傅罗文教授等主持的成都平原考古调查项目中,曾经举办过一次GIS培训班,这张DEM截图就是我们在郫县实习工地上尝试制作的,做完以后,在场所有的人都发现这里有一圈遗存(图2)。回来后,立即对其进行发掘验证,果然获得证实。之后,我们就做了更大范围的测绘,并制作数字高程模型。然后,我们发现北部和南部也有一个类似于外郭的结构。我们对制作DEM的传统方法做了改进,取得了比一般测绘公司的产品更好的效果。

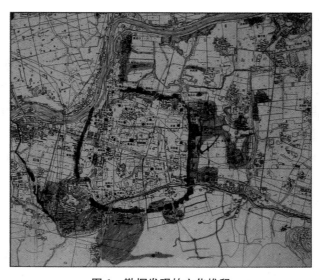

图1　勘探发现的文化堆积

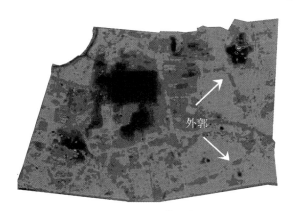

图 2　DEM 显示的外郭结构

　　第二，遥感技术在水利系统寻找中发挥了巨大作用。现在我们有很多途径可以轻易获得类似谷歌地图这种高精度的卫片，但是现在的卫片，一方面可能是为了做正投影处理，所以拍摄时它的阴影非常弱，因此对遗迹的表现效果不是太好。相反，早期的影像，如 1960 年代美国 Corona 卫星拍的那一批遥感影像，因为是倾斜拍摄的，所以阴影比较明确。同时，那个时候因为老百姓还没有用煤气烧饭，导致地面的草木很多都被砍光，所以地形显示得非常好。那时候也还没有大规模的建设破坏，所以结构表现得就相当完整。在良渚古城外围水利系统的研究中，我们利用遥感技术和地理信息系统的综合作用对外围系水利系统进行了考察，新发现了高低两组水坝共十余座，揭示了外围水利系统的基本格局。实际上，水利系统就在良渚古城西北面大概 8 千米远的地方，因为一次施工而发现，我们可以从卫片上看见它的一个显著特征就是都营建在两山之间的谷口最窄位置，仿佛是哑铃中间的细柄，根据水坝影像上这个特别的规律，我们去附近区域寻找类似遗迹，果然在高坝南侧就发现了鲤鱼山水坝群（图 3），从而将整个良渚的水坝系统揭示出来。同时，卫片也显示了塘山原来也有非常复杂细致的结构，改变了我们原有的认识。在一个特别大范围的调查中，比如几十平方千米，如果用人工勘探的话，时间和经济成本都会无法承受。如果制作数字高程模型的话，一个平方千米大概是 5 万元人民币，成本也非常高。但是，如果我们用遥感影像的话，现在在美国一个数字影像涵盖面积 4 000 平方千米，费用大概就几百元人民币。所以，

图 3　CORONA 卫片影像中的鲤鱼山坝体(1969 年 2 月 11 日)

在良渚这种遗址原地貌保存非常好的地方,它是非常经济、合适的。所以,现在我们在良渚这边做大规模考古调查的话,一般就是首先看卫片,觉得有可疑的地方,去做数字高程模型,然后,才会在一些最可能出遗迹的地区进行勘探,这是我们采取的一种新的研究模式。

第三,良渚古城考古还进行了一些多学科方面的合作。首先,我们对良渚古城城墙的铺垫石的来源进行了研究。目前,在探沟里揭露出来的良渚古城四面城墙底下的铺垫石共有 10 526 块,每一块都由岩石学家鉴定过,鉴定的内容包括质地、磨圆度以及块度大小。质地比对可以找出大的来源区域,磨圆度和块度的不同则分别代表了岩石在山谷中不同的产出位置。然后,由地质学家对周边两百多平方公里的山体做了一个非常精细的岩石资源调查,绘制了区域岩石地质分布图(图 4)。然后,对垫石和山体岩石进行了质地的比对,划出了可能的资源区以及非资源区,之后,在这些资源区里面,再根据磨圆度和块度的分析,找出了各类垫石比较精确的来源地。又通过遥感卫片以及一些地质钻探资料,恢复了良渚时期的水网,然后,推测出当时垫石的运输路径(图 5)。考古学家又根据城墙垫石的质地和外形的分垄现象(图 6),推测每一小垄可能对应着运输工具的一次运载量,石垄有大小之分,计算得知重量大致是 0.6 吨或者 1.2 吨两种。良渚时期的主要运输手段是水运,当时

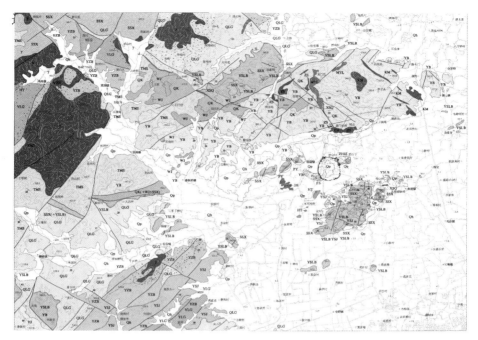

图 4　区域岩石地质分布图

图 5　水系复原及垫石运输路径推测图

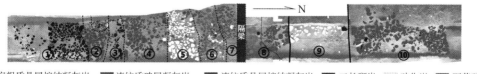

■ 安粗质晶屑熔结凝灰岩　■ 流纹质玻屑凝灰岩　■ 流纹质晶屑熔结凝灰岩　■ 二长斑岩　□ 硅化岩　■ 石英砂岩

图 6　古城南墙垫石的分垄现象

输工具共有两类,我们都曾挖到过实物,一类是独木舟,一类就是竹筏。独木舟的制作成本较高,而且运量是非常小的,根据计算最多只有0.3吨的样子,不太可能作为垫石的运输工具。现在各处漂流景点常见的竹筏一般都是以10根毛竹绑扎为单筏,然后两个筏子绑在一起使用,单双筏的运量正好分别对应着垫石大小块垄的重量。所以我们认为,当时使用竹筏运输的概率是非常高的。接着我们进行了一些实验考古,到石源地去进行铺垫石的采集、搬运和铺装实验,之后,根据运输距离计算它的运输时间,最后,我们计算出整个良渚古城垫石工程的工程量大约是8.4万个工。

另外,我们还对良渚的水坝、墩台堆筑里面的草裹泥工艺进行了分析和研究。草裹泥是一块一块的,也是分垄堆起来的。铺装的时候还有一种木质箱垄,这是工程上面的一种技术。每个草裹泥都类似于叫花鸡那样的一小包,这么一包一包淤泥包起来,然后纵横交错堆砌起来。我们对于它上面的草、里面的土都进行了分析,我们发现它外部是南荻或者茅草类的东西,然后绑扎的材料可能是芦苇条(图7)。上述这些东西在本地沼泽上面到处都有生

图7 草裹泥材料分析

长,不用种植。当时他们制备的时候,就在现场把上面的草砍倒,把下面的淤泥用木撬翻上来。同时,挖土的时候会形成河道,可以直接装船运走,大概就是这么一个流程。通过植物考古的观察,我们非常意外地发现南荻已经开花了,因为南荻开花的季节是秋天。所以这就意味着施工季节应该就在秋天,如果很多案例证明是开花的,就意味着当时的这项建筑施工可能是季节性的。同时,我们对那些作为箱笼的木桩进行了年轮观察,好像也都是秋冬季砍的,这样的话就有着特殊的含义。我们考古学家知道,很可能这种施工是季节性的,而不是全年的。也就像我们现在一般都是冬修水利。我们曾经发掘出来良渚时期的长短两种木锹,根据我们的实验结论,发现长的这种木锹很有可能是做这种草包泥的挖土工具。我们据此进行了工艺复原和模拟制作的实验考古研究(图8),并据此计算了工程量。

图8 草裹泥工艺复原

最近我们的研究涉及水利系统,水利是一个非常专门的学科,我们自己肯定是独立研究不了的,所以我们跟河海大学以及中国社会科学院考古研究所的刘建国老师,一起对水利系统和工程技术进行研究。我为什么要举这个例子呢?因为一般来说,考古中遇到的跨学科问题,可能在那个相关学科看来是一个比较基础的问题。河海大学是中国研究土石坝水平最高的一个机构,他们在接触到良渚水利系统后,居然把研究古代水利系统作为他们学科未来的一个学术增长点和发展方向。所以他们主动提出要成立一个联合实验室,所有的设备都是他们提供的。他们把这个方向叫作考古工程学,如果从我们角度考虑,就是工程考古学。实际上大家在这样的情境下就能取得双赢的效果。其实,我非常希望我们未来有可能与更多的学科搭建这样的平台,开展合作,那么我们大家各自就有更好的发展。

第四,我想谈一下我们考古学者应该做到的身份转化。我觉得我们应该由"郭德纲"转化成"冯小刚"。原来我们考古工作者可能一直认为自己就完成自己的事情,而现在一个考古工作者特别是考古队的队长,可能需要具有多学科研究方向的策划、内容的整合、成果的解释这样的认识和能力,成为一个学术研究的总导演。因此,我觉得传统考古学者的身份需要有一些变化。目前大部分考古学者都是文史类专业训练出来的,现在需要提高我们的自然科学素养和理工类思维能力,要做到胸有成竹、眼观六路。考古研究中实际法无定法,只要能用的方法就是考古学的方法。我们对科技考古同仁的期待是:希望围绕着考古的学科目标进行研究和课题设计。我觉得科技考古其实就是考古,我们希望科技考古的成员能把自己作为考古队的一员,要常驻工地,因为我们发现我们很多闪光的或者是有突破的要点,都不是在办公室里预设课题的时候想出来的,而都是在田间地头晚饭后聊天的时候思维碰撞,灵光一闪而来的。希望科技考古要真正地解决问题,避免两张"皮"。我们也非常期待像复旦大学这样的高校能够建立一些服务于我们区域或者是全国考古的各类资源平台。比如说能不能把全国的遥感资料都整合一下,建立一个平台,让大家都可以共同使用?因为以地方的(像我们浙江省文物考古研究所)的人力、物力做这件事可能比较吃力,大学做这样的事情会更有优势。

最后,祝复旦大学科技考古研究院越办越好,谢谢!

考古学需要什么样的科技考古
——以广富林遗址为例

陈 杰 上海博物馆

近年来,随着各种科学分析方法在考古学中的应用不断扩展,科技考古事业蓬勃发展。从研究目标而言,所谓的科技考古,是应用不同的技术方法提取考古信息并解读考古遗存的手段。正如袁靖先生曾经说过:"科技考古是一个过渡性用语……随着科技考古各个领域的研究逐步完善和独立,在有机地融入考古学的发掘和研究之后,科技考古这个词将逐渐消亡。"[①]广富林遗址是上海地区近期重要的考古发掘项目,在其工作中,我们一直强调多学科合作或者说科技考古的重要性。在此,不揣浅陋,希望能抛砖引玉,为"考古学需要什么样的科技考古"这个命题提供一个案例。

一、广富林遗址田野发掘阶段的工作设想

广富林遗址位于上海市松江区,1999—2005年度的考古发掘,为研究长江下游地区文明化进程与文化谱系提供了新的线索。以该遗址的发现而获得了一个新的考古学文化命名——"广富林文化",填补了该地区新石器时代末期文化发展序列的空白。

2008年以后,由于松江新城建设快速发展,广富林遗址开始了大规模的

[①] 袁靖:《"科技考古"名称的由来——科技考古漫谈之二十二》,《中国文物报》2017年2月24日第六版。

抢救性考古发掘。由于发掘面积大、任务紧迫,由上海博物馆先后组织了近10家国内考古发掘单位一起参与了广富林遗址的发掘工作。虽然这是一项抢救性的考古发掘工作,但是在发掘项目启动之前,我们就在思考新一轮的广富林遗址发掘除了能充实以往关于各时期考古学文化的认识外,还能做些什么工作。

著名考古学家特里格曾经说过:"考古学的发展是以理论方法的改进和解读信息手段的提高为标志的。"由于新的科学技术方法的运用,使考古学研究不再局限于一般认识的陶器、石器、玉器等,动物、植物、人骨遗骸等,甚至更加微小的物质遗存都成为考古学研究的重要物质资料基础。这些方法的应用也使考古学研究的内容从物质文化史领域扩展到人类社会史的范畴,通过科学分析,可以帮助我们了解过去人类的生态环境、体质特征、生业技术等。

为了适应考古学发展的新的要求,结合广富林遗址的特色,我们希望在田野考古阶段获取更多关于过去人类在此活动的信息,因此,除了按照田野考古规程科学、规范地进行发掘外,我们特别设计了以下两项工作。

1. 与地理学者合作,试图从环境考古学的角度,探讨地貌环境演变对于遗址形成的影响

在早年广富林遗址发掘的时候,我们已经发现该遗址形成的时间较上海地区其他遗址稍晚。与其相邻的青浦崧泽遗址、福泉山遗址、金山查山遗址等最早有人类活动的时间大致在距今6 000年左右,而广富林遗址形成的时间大概在崧泽文化晚期、距今5 500年左右才开始形成。为什么人类开发广富林遗址的时间比崧泽遗址、福泉山等遗址晚?我们希望从地貌环境的演变进行思考。

提出这个课题设想还来源于其他因素的刺激。2007年,一个澳大利亚研究团队在广富林遗址附近做了一个环境考古的项目。他们在遗址做了一个大约2米左右的土壤取样,错误地认为它就代表了这个地区距今10 000年以来的环境演变的过程。实际上,这个研究团队并不了解广富林遗址区域自然环境的演变过程。在广富林遗址所在区域,距今10 000年前的更新世地层,一般要深15米到16米。另外,他们不了解地层学基本原理,随意取舍年代数据。其论文曾经提供了8个测年数据,深度最深的校正年代分别为公元前12256—前12000、公元前4461—前4259、公元前12796—前12133年,为了迎

合其研究设想,他们随意去除了倒数第二个数据,构成了一个所谓距今 10 000 年以来的样品序列,由此还就环境变化与文化演变之间的关系进行了煞有其事的讨论[①]。

且不论他们的研究是否结论正确,其工作方式就是完全违背事实的。因此,作为一名考古学者,我们需要考虑能不能从实际出发进行课题设计,探讨广富林遗址和环境演变之间的关系。为此,我们与华东师范大学地理学专业合作在遗址区做了多个钻孔,特别是我们对生土层以下进行了钻孔取样,希望能重建距今 10 000 年以来环境演变的过程。

2. 适应考古学发展要求,对遗址出土的各类遗存进行科学采集

广富林遗址在 2005 年以前的工作,更多地在于文化谱系的研究,根据遗址出土的陶器、石器、各类遗迹等,我们命名了广富林文化,这一认识也受到了学界的认可。然而,除了物质文化史的建立外,我们对于过去人类的行为和生活了解很少。因此,在新一轮广富林遗址抢救性发掘开始之前,我们就设想通过发掘,更多地了解过去人们的生活是怎么样的,人和当时的生态环境之间是怎样的一个关系,遗址周围有哪些资源,这些资源中又有哪些是被过去人类所利用的,人们的食物结构是怎样的。

因此,在 2012 年广富林遗址大规模抢救性考古发掘之初,由参与发掘的各考古单位共同商定了田野考古的各类遗存的科学采集工作办法。在考古发掘中,有意识地收集了大量的人骨遗骸、动物骨骼、植物遗存等,时间跨度从崧泽文化时期一直到宋元时期,它们构成了了解过去人类生态环境、生业方式、人类体质特征、生存策略等问题的重要线索。

二、广富林遗址研究项目的工作设想及初步收获

2015 年以后,随着广富林遗址大规模抢救性考古发掘结束,广富林遗址考古资料整理和研究工作成为上海考古的重点项目。为了顺利推进广富林

[①] 陈杰、王张华、李春海:《广富林遗址环境考古若干问题的再分析》,《东方考古(第 7 集)》,科学出版社,2010 年。

遗址发掘报告整理工作并提升相关的研究水平,我们申报了国家社科重大项目。根据广富林遗址田野发掘所得的材料,整个项目分为三个子课题。

第一个子课题是广富林遗址发掘报告整理。根据《考古发掘管理办法》的规定,考古发掘结束后,应该及时出版发掘报告。本课题旨在及时整理和出版历年来上海广富林遗址的发掘成果,以便能有更多的考古学者和相关研究者作进一步的研究。

第二个子课题是广富林遗址生物考古学综合研究。其研究内容涉及遗址中所有的生物遗存,如植物、动物、人类、微生物等。历年广富林遗址发掘中,已经科学地采集了人体遗骸、动植物遗存等生物遗存为研究对象,针对这些遗存系统开展生物考古研究,可望揭示人类的体质特征、食物结构、营养状况、迁徙活动,探讨人类对动植物资源的利用情况等。具体而言还可以分为体质人类学、动物考古学、植物考古学等不同的研究领域。

第三个子课题是广富林遗址出土文物的综合研究。本课题旨在考古类型学研究的基础上,采用科技分析手段对各类材质器物进行综合研究,从而扩展考古学研究的领域。研究内容还涉及工艺复原、实验考古等,按照出土遗物的材质可以分为陶瓷器分析、玉石器分析和金属器分析等。

如果按照目前关于科技考古的分类,三个子课题中后两个课题都属于其范畴,这充分地说明了现代考古学中多学科合作或者说科技考古的重要性。目前,根据研究计划,广富林遗址项目已经取得了初步的成果。下文将结合上述田野考古发掘的工作设想介绍一下主要收获。

1. 环境考古研究初步收获

首先,研究团队收集了广富林遗址及周边地区的百余个钻孔的地层和孔口地面高程数据,复原出晚更新世的古地形。距今 10 000 年左右,广富林遗址区所在的古地形十分特别,东、南、西三面环沟,呈半岛状自佘山、辰山向南伸出。因此当全新世海平面快速上升后,在大约距今 8 500 年前海平面达到 −15 米左右时,这些沟谷均已被海水入侵,广富林遗址区只有北部和西北部才和主陆区相连,非常容易遭受来自海洋的自然灾害。相比之下,崧泽遗址不仅全新世基底较高(−5 m 以上),而且周边古地势平缓,离下切古河谷较远,受全新世海侵作用较弱,遭受风暴潮等灾害的可能性要小很多。

其次,研究团队还根据在遗址所取的钻孔资料,进行了粒度、有孔虫、有机地球化学元素等分析。分析显示,钻孔深15.5—16米,为全新世沉积开始之前的古土壤。之后,逐渐从滨海高盐沼环境,经高—中潮滩盐沼环境、低潮滩—潮下带的沉积环境、潮间带环境、潮上带沉积环境,在距今6 540年前转变为偏盐渍化的滨海平原环境。再经过长时间的土壤淋滤作用,本区才转变为适宜人类居住的淡水湖沼环境。正是由于地貌环境的变化,广富林遗址为新石器时代先民提供了新的定居地点。这种环境与遗址形成的互动关系也符合长江三角洲地区地貌环境演变的特征。

2. 植物考古研究初步收获

广富林遗址田野考古阶段系统地收集了大量的土样,其中部分土样已经进行过水洗选样。中国社会科学院考古研究所、山东大学、上海博物馆等不同的研究团队也对相应的植物遗骸进行了分析和研究工作。总体来看,从崧泽文化开始至广富林文化时期,发现了大量的炭化稻谷或者炭化的水稻基盘,从而说明虽然经过了文化变迁,当时社会的经济基础依然以稻作农业为主。除此之外,广富林遗址还发现有桃核、南酸枣、楝树果实等以及在长江三角洲地区常常能够发现并继续使用的水生植物的果实——菱角和芡实等,这些都可以作为人类食物的补充。这些发现对我们了解过去人类对植物资源的利用提供了非常重要的信息。

2013年广富林遗址发掘中,在一个湖岸遗迹上发现了大量的木桩。以往考古发掘,因为木桩不容易保存,所以往往忽略了对它们进行研究。但是,当我们在现场发现这些木桩时,意识到他们可能是研究木材的重要资料,所以进行了全部取样。之后,我们委托日本著名的植物考古学者伊东隆夫先生进行鉴定,在200多个样本中,鉴定出40多个树种,有连香树、锥栗属、栎属、朴属、桑属、柿树属等。这个研究成果为我们了解当时广富林地区的植被、林木情况提供了非常关键的信息,也为我们了解当时人们对林木资源选择和利用提供了非常关键的信息。

3. 动物考古研究初步收获

在遗址发掘中除了陶器、石器等人工制品之外,另一类主要遗物就是动物遗骸。以往,长江下游地区考古遗址中,常常依靠肉眼所见采集动物骨骼样品。广富林遗址发掘过程中,我们强调科学采集动物骨骼的重要性,因此获得了大量标本。由于意识到动物遗骸在研究中的重要性,也使我们在发掘中更加关注出土动物骨骼区域的特殊埋藏环境。比如,2013年在发掘区北部的湖岸堆积发现了大量的动物骨骼,它们与陶器、骨器等混杂出土,应该是当时的一个垃圾抛弃场所。

近年来,通过对动物骨骼标本进行初步的鉴定,发现广富林遗址及其周围生态环境十分优越,在遗址发现的动物有大象、老虎、麋鹿、梅花鹿、獐、麂、水牛、狗、猪、鳄鱼、鹤、雁和各种鱼类,这些材料为复原广富林遗址及上海地区的生态环境提出了非常重要的信息,也是了解当时人们肉食习惯的重要资料。

4. 体质人类学研究初步收获

历年来,广富林遗址考古发掘发现了500余座新石器时代墓葬,许多墓葬中都保留着人骨遗骸。众所周知,长江三角洲地区的土质不太适合有机质文物的保存。因此,广富林遗址墓葬中,大部分人骨遗骸的保存并不理想,保存比较完整的人骨非常少。但是,我们认为这些遗骸都是了解过去人类体质特征非常关键的信息,因此在田野发掘中尽力收集了墓葬中的人骨标本。

在发掘时,我们尚不确定哪位研究者能够参与合作研究。直到2014年左右,我们才与日本的一个体质人类学研究团队合作,清理和研究广富林遗址发现的人骨遗骸。这是一项十分艰难的工作,首先是骨骼的保存状况不好,脆弱易碎,其次是大部分骨骼与土黏在一起,清理起来非常困难。但是,通过三个年度的工作,合作团队对一部分骨骼进行了清理、拼对,经过初步分析已经获得了关于广富林遗址先民体质的特征,比如死亡年龄、身高、病理状况等的基本认识。2016年,在一个墓葬中还发现了一例结核病的特殊病理现象,根据地层学和类型学的研究,这个墓葬的人骨遗骸很可能代表了东亚地区最早的结核病例。

以上是广富林遗址研究项目中已经获得的初步认识,主要集中于生物考古学研究子课题中。目前,广富林遗址出土文物的综合分析研究工作尚不充分,也是我们期待进行多方位合作的领域。比如,根据类型学的研究,考古学者已经发现陶器随着文化的变迁，其材质、烧造工艺、制作工艺等方面都有明显的历时变化。我们希望通过传统的陶器工艺研究和科技考古的研究，多种研究方法相互印证，还原出过去人类行为的一些细节特征。再如，就玉器而言，考古学者已经发现良渚文化和广富林文化的玉琮在材质、工艺方面都是不一样的，那么用科技考古的手段提取隐形的信息，或许能为我们认识原料产地、贸易交流等提供一些关键性的线索。

广富林遗址项目只是一项抢救性考古发掘，目前开展的科技考古工作涉及的领域尚不全面。但是，由于长期与不同学科研究人员合作，有经验，也有教训，因此，关于考古学需要什么样的科技考古这一问题，也有一点个人的想法。

第一，在多学科合作中，考古学者应该成为项目的总设计者。

问题是科学研究的真正灵魂。因此，科技考古的相关研究也必须从考古实际问题出发。由于对于一个遗址、一个区域文化来说，最熟悉的还是考古学者，所以必须要由考古学者提出问题、设计课题。没有对考古遗址准确的认识和良好的合作机制，还会出现澳大利亚研究团队在广富林遗址环境考古研究中的错误。作为设计者，就像建造大楼一样，并不要求其对所有工作亲力亲为。但是，在设计项目时，需要以考古学问题为引导，科学采集标本，组织合作研究。

第二，科技考古的教育应该培养出具备田野考古和科技考古综合能力的优秀人才。

首先，以田野考古为主的考古学者需要具备一定的科技考古知识。比如，在广富林遗址抢救性发掘中，我们发现一些发掘人员缺乏必要的人体骨骼的基本知识，无法辨识骨骼的部位、左右、前后，因此无法对于墓葬的一些特殊葬式进行准确的观察和判断，甚至出现把俯身葬误当仰身葬的错误。而具备了科技考古的能力，也会引导考古学者从田野考古发掘阶段开始，思考和发现更多的问题。

其次，科技考古学者也需要具备田野考古的基础。目前，中国科技考古的领军人物，如袁靖先生、赵志军先生等都是具有丰富田野考古经历的考古学者。如果忽略了田野考古的训练，新培养的科技考古学生只会像一名实验员做一些重复性的检测、分析工作，而无法提出有创见的考古学问题。

考古学是通过研究物质文化遗存了解过去人类生活的一门学科。由于科学技术的不断发展，使得从物质文化遗存中提取历史信息的手段在不断地丰富，进而也使考古学具有了无限的可能性。正是由于这种无限的可能性，需要更多的不同学科的学者一起参与到考古工作中来。考古学还是一个比较年轻的学科，这个学科在发展过程中不断受惠于科技的发展。我们相信，未来这个学科还会不断地自我完善，而在考古学研究中加强不同学科间的合作，将极大地丰富我们对于过去人类历史的认识。

知行合一　守得云开
——陶瓷考古的探索和实践

沈岳明　浙江省文物考古研究所

首先,祝贺复旦大学科技考古研究院成立。

陶瓷考古是现代考古学的主要门类之一,陶瓷考古刚开始时着重于探索陶瓷生产地的情况,所以一般把陶瓷考古称为瓷窑址考古。近几年来,随着陶瓷考古的深入开展,除了生产场所以外,我们还将陶瓷考古延伸到陶瓷产品的运输途径和消费地研究方面,利用考古学的理论和方法,利用陶瓷生产、使用和行销过程中遗留下来的遗迹遗物,对陶瓷器生产的年代、产品特征、使用功能、传播路径、技术创新及与社会生活变化的关系乃至生产组织形式等问题进行研究,主要目的是为了研究中国古代社会经济发展状况、意识形态的变化、生活方式的演进等问题。

现代考古学在中国的实践从20世纪20年代就开始了。1926年,李济先生发掘山西夏县西阴村遗址,奠定了现代科学考古的基石,标志着现代考古学在中国的确立。1928年,中央研究院历史语言研究所发掘河南安阳殷墟遗址,可谓是现代考古学在中国的真正起步。

中国的陶瓷生产远远领先于世界,比欧洲要早3 000年左右,但相对来说,研究却落后于国外,我国唐宋金元时期很少有关于陶瓷研究的著作问世。南宋蒋祁用一千多字记述景德镇陶瓷工艺制作与销售的《陶记》,竟然成为我国最早的陶瓷专著。但自从陶瓷考古这个学科产生以来,我们的研究确实突飞猛进,现在远远领先于世界。

运用现代考古学理论来指导陶瓷研究也是比较早的。从陶瓷考古的发展历程看,考古学方法应用于古陶瓷的研究肇始于 20 世纪前半叶,发展于 20 世纪 50—70 年代,成熟于 20 世纪 80 年代以后。20 世纪 90 年代中期,陶瓷考古被教育部设定为中国考古学下的一个专门考古方向,这一现象主要是在北京大学开始的。陶瓷考古的成果也涉及很多方面,其与经济史、社会生活史、工艺史、交通史和对外关系史等研究密切相关,为这些领域的深入研究提供了主要资料,在学术研究中的重要性不断凸显,此外,民众的喜爱也使陶瓷考古受到广泛的社会关注。

图 1　陈万里先生

1928 年陈万里先生调查龙泉窑(图 1),是陶瓷考古诞生的重要标志。陈万里先生本是学医出生,早年在北京大学的校医院工作。1928 年他任浙江省民政厅第五科负责人,主管全省卫生行政事业,后曾任浙江省卫生处处长、江苏省卫生署署长。他工作之余很喜欢陶瓷,1928 年首次到龙泉地区调查研究青瓷。尽管他是跨界的,但是他的成果很多,不仅找到了文献所说的"处州青瓷器""处器"和越窑瓷器的具体产地,还出版有《越器图录》《瓷器与浙江》《中国青瓷史略》等,开启了中国对古代著名瓷窑遗址进行实地调查与研究的新时代,使人们对古代瓷器的认知走出了纯粹清赏雅玩的窠臼,瓷器也因此有了史学的价值。也许有人会问,1928 年陈万里先生怎么会想到要去龙泉做实地田野调查呢? 其实他是有基础的,1925 年美国哈佛大学有团体到敦煌考古,北京大学研究所国学门派陈万里先生同往调查。虽然保健和摄影工作是他卓有成就的,但他对古代艺术也是非常喜爱的(图 2)。1926 年他将途中所见整理并结集出版《西行日记》一卷,沈兼士、马衡、顾颉刚等先生作序,胡适先生以岑参诗句"万里向西行"题于卷首。通过这一次工作,陈万里先生积累了考古学的一些理论与方法,所以到 1928 年他很自然地把这种方法用到陶瓷考古的工作中来。与之同时,叶麟趾先生亦通过实地调查,发现并解决了定窑窑址所在地的问题。可以说,这一阶段是陶瓷考古的试水和起步阶段。

图 2　陈万里先生参加敦煌考古前与北大好友合影

但在中国,真正在考古学的理论和方法指导下进行的陶瓷考古工作,始自 20 世纪 50 年代,其代表性事件有 1956 年浙江省文管会发掘的乌龟山郊坛下官窑(图 3)。2016 年正好是南宋官窑窑址发掘 60 周年,当年几位参加窑址发掘的先生包括浙江省博物馆的老馆长汪济英先生、浙江省文物考古研究所的牟永抗先生等都回忆起了当年的发掘情况。他们几位先生在北京大学参加了考古训练班以后,回去碰到的第一个事情就是发掘南宋官窑。所以我们总是说我们陶瓷考古的起点很高,这是我们真正的科学发掘,是陶瓷考古具有代表性的发掘工作。第二个是为恢复龙泉窑的烧成工艺而进行的龙泉南区的调查和小规模发掘以及为配合紧水滩水库建设所进行的龙泉东区的窑址考古调查发掘工作,前期主要是做一些调查工作,发掘工作一直到 1979

图 3　1956 年发掘的官窑窑炉

年以后才进行。第三个是1958年中国科学院考古研究所西安研究室、1959年陕西省考古研究所对耀州窑遗址的发掘。到20世纪70年代末,陶瓷考古已经取得了比较丰硕的收获和成果,主要表现在以下几个方面:第一,在全国近20个省市都发现了瓷窑址,占中国全部省市自治区的2/3以上;通过对这些遗址的调查和发掘,基本弄清了我国古代陶瓷发展的大致脉络;对商周时期的原始瓷器、东汉中晚期出现的成熟瓷器等问题的研究,也都得到文物考古以及硅酸盐学界的普遍认可。第二,对各时期窑业横向发展状况的探索也取得了较大突破,如确定了一批《茶经》中记载的唐代著名窑口,另外根据调查确认宋代瓷窑址遍布了全国十几个省、市、自治区,是已发现窑址时间相对最集中的时期,也进一步明确了窑系的概念。第三,通过大量的考古工作解决了许多传世和墓葬出土物的窑口问题,后一个问题的解决也同样为窑址的分期断代提供了重要依据。第四,相关专题研究应运而生,包括原始瓷、青花瓷的起源问题等,当然外销瓷的研究条件也基本具备了。第五,20世纪60年代成立的中国科学院上海硅酸盐研究所对瓷片标本也进行了一系列的理化测试,为了解历代名窑的工艺特色奠定了科学基础,从而开辟了古陶瓷研究的新领域。到1979年的时候,为了浙江紧水滩水库的工程建设,国家文物事业管理局组织了中国社会科学院考古研究所、中国历史博物馆、故宫博物院、上海博物馆、浙江省博物馆,后来南京博物院也加入到这个行列当中,这六家单位对龙泉东区的窑址进行了分批、分区域的考古发掘(图4),取得了较大成

图4　龙泉枫洞岩窑址发掘

果,所以1981年在浙江金华召开的第三届中国考古学年会上,苏秉琦先生把这个事件作为"中国考古学一个新兴学科分支——陶瓷窑考古大规模崛起的一个标志",提到了一个比较高的层次。20世纪80年代到90年代,特别是90年代以后,各地有关陶瓷考古的工作越来越多,包括对原始瓷器和印纹陶、越窑、邢窑、长沙窑、耀州窑、磁州窑、汝窑、钧窑、官窑、龙泉窑、明清景德镇御窑厂等的工作,通过发掘解决了历史上的一些重大问题,比如我们通过原始瓷窑址的发掘,基本解决了中国瓷器的起源问题;通过发掘越窑窑址搞清了秘色瓷的烧造工艺,通过河南巩县窑窑址的发掘,解决了唐青花的一些问题等,可以说是成果丰硕。我们可以从瓷窑址考古类项目多次被评为全国十大考古新发现看出其成果非凡。全国十大考古新发现的评选是从1990年开始的,其中窑址类发掘项目,迄今为止有15项,占了6%,这一比例是比较高的。所以说这几年的陶瓷考古,特别是窑址类考古项目取得的成果也是有目共睹的。

陶瓷考古作为考古学的一个特色门类,主要是在考古学的理论方法指导下进行的发掘工作,但将具有自身特色的理论方法上升到系统性高度,可能比较迟了。1985年,北京大学考古学系开设了"宋元考古"课程,聘请了徐苹芳先生上课,我就是那个班的学生,系主任宿白先生在考虑学科建设的过程中,提到了手工业考古问题,其中陶瓷考古也提到了比较重要的议程。北京大学也是比较早开设陶瓷课的,当时聘请了清华大学的杨根教授讲授,我正好也是最早聆听这门课的学生之一。到1991年的时候,北京大学还专门成立了陶瓷考古研究所,到1993年的时候有了第一个陶瓷考古方向的硕士研究生,2005年有了第一个陶瓷考古方向的博士生。而对中国古代瓷窑址考古理论和方法进行总结和探讨,要到1999年了,这年北京大学考古学系举办了第一个"中国古代瓷窑遗址的发掘和研究高级研讨班"(图5),尽管人数不多,但是全国从事陶瓷考古研究的学者济济一堂,就瓷窑遗址的发掘方法、整理中的类型学方法和窑址考古新发现等问题进行了探讨。在这个会上,徐苹芳先生做了重要的讲话,我们现在很多陶瓷考古的工作也都是在这个讲话指导下开展起来的,到现在还一直引领我们陶瓷考古的工作。

随着新方法、新问题、新视角的不断涌现,机遇和挑战也接踵而来,陶瓷考古也渐渐与不同学科相交融,尤其是科技考古。刚才讲到陶瓷考古是从1928年陈万里先生调查龙泉窑开始的,仅仅三年之后,在1931年的时候,周

图 5　陶瓷考古发掘和研究高级研讨班

仁先生就开始用近代的科技手段研究古陶瓷。在 1950 年左右，又在其领导的中国科学院冶金陶瓷研究所，也就是中国科学院上海硅酸盐研究所的前身，创立了中国古陶瓷研究小组，利用先进的科技手段研究古代陶瓷，开创了古代陶瓷科技考古的先河。

我们知道古陶瓷是一种人工合成的材料，它涉及很多方面的学科，包括化学、材料学、高温热工艺等方面的科技知识，所以要了解其中的信息，了解古代工匠的智慧，也必然要引入科技手段。这几年陶瓷考古利用科技手段比较多的一个是成分分析，一个是年代测定。成分分析确实为陶瓷考古解决了一些比较重大的问题，特别是前几年我们在做瓷器起源问题研究的时候，涉及商代早期的一些瓷器，其表面釉层到底是人工施釉还是自然形成的釉的问题。因为烧成的时候釉呈现得不是很好，光凭考古的手段进行判别有一定的难度，所以我们利用科技手段进行了一些测试，包括我们把器物上面的釉跟窑壁上形成的自然釉及西周时期的比较明确的人工施釉进行了成分分析比较，发现商代瓷器上面的釉跟窑壁上的釉差距比较大，跟西周时期瓷器上的釉成分比较接近。另外，我们在一件器物上的前后左右上下内外测了很多个点,而这些点的成分基本保持一致,所以可以认为应该是人工配好釉以后施上去的,要不然自然落灰的话不可能出现这么均匀的状况。利用成分分析确定瓷器的产地和年代等方面也取得了不俗的成果。另外,年代测定,因为碳不多,所以碳十四测年方法用得比较少。其实,南方龙窑都是用木柴烧的,为什么遗留的碳比较少,其本身就是一个课题。测定年代常用的方法有热释光及光释光。热释光的效果似乎不是很好,我们曾经请两家单位对两个标本进行年代测定,一个是春秋战国时期的原始瓷,一个是东汉中晚期的成熟青瓷,结果测出来都是距今1300年左右,效果不是很理想。至于光释光,前几年我们在做瓷器起源方面的指南针课题,国家文物局也要求我们跟北京大学考古文博学院合作,利用光释光进行测年,国家文物局还要求我们通过这次光释光年代测定,制定出一个光释光年代测定的国家标准,结果效果也不是很理想,所以现在的年代测定还是有很多需要完善的地方。

近几年来的陶瓷考古还把古代瓷器的外销问题作为一项研究的重要内容,另外,实验考古学也正在蓬勃开展(图6)。前几年我们在做瓷器起源课题的时候,一开始一直在山脚边挖瓷土,结果再怎么做,做出来就是跟古代的标本不像。后来我们在山脚下的稻田里,把稻田上面的表土去掉50厘米左右,下面那个泥土也没有过多地淘洗,而是简单地用筛子把泥土中的杂质筛掉,然后用这种泥土直接制作器物,结果做出来最像,所以现在实验考古在陶瓷考古中也是运用得比较多的。

图6　实验考古

如果从1928年开始算起,陶瓷考古的时间也不短了,但是在整个考古学系统里边,它还是一只小小鸟,要想飞得高,还需要得到大家的悉心呵护和支持。

谢谢大家!

科技考古
——开启中国考古学的黄金时代

林留根　江苏省考古研究所

非常感谢袁靖教授请我到这里来做这个报告,让我有机会向大家汇报我近期有关科技考古的学习心得。我不是搞科技考古的,我来一是向复旦大学科技考古研究院的成立表示祝贺,二来是抓住这个机会向考古界和从事科技考古的诸位师友学习。我今天所做的演讲的题目叫作《科技考古——开启中国考古学的黄金时代》,实际上是想借这么一个题目表达我内心对科技考古的崇仰和期待。著名考古学家张忠培先生生前曾在多个场合说过下面这个故事:大意是说,上世纪八九十年代,中国考古诸如三星堆、陶寺、牛河梁、二里头、良渚等诸多重大考古发现层出不穷、震惊中外,有人向苏秉琦先生进言说,中国考古的黄金时代到来了,苏公却不以为然,他说:这只能说是中国考古发现的黄金时代到来了,而真正的中国考古的黄金时代远未到来。因为光是考古发现不能说明问题,还要有更深入、系统、全面的研究,才能说明中国不仅是考古发现的大国,而且还是考古研究的大国,我们的研究远远跟不上发现。直到2013年10月,标志着中国考古走向世界的"首届世界考古论坛"在上海成功举办,应该说是中国考古人圆了苏先生的"考古大国"梦。科技考古在当下以及未来的考古研究中不可或缺,所扮演的角色越来越引人注目。所以我今天演讲的题目表达了我的期盼,应该也反映了考古界对科技考古寄予的期待与厚望:让科技考古和我们一起开启中国考古学的黄金时代。我的演讲大概分四个部分:第一,科技考古深化传统认识;第二,科技考古贯穿考古工作的始终;第三,科技考古推动考古学规范化、标准化建设;第四,科技考古助力文化遗产保护和社会发展。

第一部分，关于科技考古深化传统认识的问题。考古学的目的从上个世纪90年代开始了一个重要转折，即由原来偏重物质文化的研究转向全面复原古代社会，在考古学的主要目的发生改变的学术背景下，如何开展考古学研究成了考古学者面对的主要问题。归纳起来大致可分为以下五个方面。第一就是从环境的角度去考量人类的文化社会，因为环境是考古学文化赖以生存发展的先决条件。如地质、水文、气候等环境因素的运动演化和变迁，这些到底和我们人类的考古学文化是什么样的关系。第二就是物种，即人类、动物、植物的起源、演化与迁徙。第三就是物质文化的研究，包括各种器物的研究，它们的生产、流通和消费。第四个层面的问题是精神文化的研究。科技考古也有助于我们对精神文化的探究，包括一些观念、信仰及习俗。第五个方面是科技考古也有助于我们对社会组织、社会结构的研究。实际上这是很难的一个方面，即一个社会是怎么来运转的，包括社会的分工、分层，比方说我们讲到的食谱或者DNA的分析很可能就会有这样重要的作用。所以说科技考古的手段在传统考古研究当中扮演着越来越重要的角色，也为我们各种重大学术问题的探索提供了新的思路、新的方法、新的技术，我们也从中得出了很多新的解释和新的认识。

科技考古深化传统认识的第一点是环境的运动、演化和迁徙。环境演变如今在考古学文化当中越来越重要。如今大家都知道，我们发掘一个遗址的时候，肯定都是要采样，研究它的环境到底是什么样子，甚至要追究在遗址形成之前是什么样的环境。而随着考古学文化本身的发展，它的环境又是怎么随之变化的？环境对考古学文化的重要性越来越被大家重视。从大的方面来说，气候和环境的变化与人类文化相互关系的研究，实际上已经取得了许多重大成果，比方说农业起源、人类的迁徙、人口的扩张、文明的发生和瓦解……科技考古在这些重要的学术问题上起到了不可取代的作用。如历史上著名的气候变化事件：晚更新世晚期的新仙女木事件和新石器时代农业起源的关系；8200年前的变冷事件对中国南北考古学文化系统发育的影响；4000年前后的全新世大暖期与我们探讨的龙山文化、良渚文化的文明发展到一定程度的突然消亡之间的关系。这些都与环境密切相关。

科技考古深化传统认识的第二点，就是对物种的起源、发展和传播的研究。概括来说,通过科技考古和植物考古,现在基本上可以把中国史前农业谱系的大区块分出来了。北方属于粟作农业,而江淮地区是稻粟混种,南方地区是稻作农业和块茎农业,初步形成了南稻北粟的传统。在第二届世界考古大会上,赵志军先生的论文就得到了世界十大考古研究新成果奖,他主要是研究农业起源和北方粟作农业的。

除了我上面讲的南方的稻、北方的粟外,还有喇家的面条、贾湖的酒。它们涉及科技考古深化传统认识的第三点,即对于物质的生产流通和消费的研究。喇家面条发现以后,具有国际影响,众所周知,但是是什么面、怎么磨成、怎么从小麦变成面粉、怎么制成面条的,需要进一步研究。关于贾湖的酒,张居中先生和美国宾夕法尼亚大学合作研究了贾湖陶器中的残留物,其成果发表在美国国家科学院的院刊上,在世界上引起很大反响。研究证实贾湖陶器中的残留物是中国或者说是世界上最早的酒,比原来伊朗发现的被认为是最早的酒,还要早 1000 年。复原出来的酒之所以称为贾湖古酒,是用了它的名称,而并不是用它的配方。当然科技考古深化物质生产流通和消费研究,还有很多案例,比方说丝绸之路上的物质与知识交流。在古埃及、两河流域和古印度文明中,釉砂是玻璃的先驱。我国中原地区的釉砂最早见于西周时期,相较西亚地区晚了近 3000 年。西亚技术何时何地如何传入中国?再譬如汉代关中地区的铁器生产原料的来源和流通问题等都是科技考古取得的重要成果。

最后说到科技考古从精神考古层面上深化传统认识的一个案例。陕北神圪垯梁遗址 M7 墓主人身上有红色的颜料和褐色的残留物,通过科技考古发现:红色颜料为朱砂,黑色残留物中发现来自紫草科植物叶子的植硅体。这是首次在新石器时代发现并确认墓葬中用植物叶片加以覆盖逝者的丧葬形式,反映了古代社会特殊的"植物崇拜"现象。

第二个大部分,我要讲的是科技考古贯穿考古工作的全过程。这一点作为考古所的所长,我们是有切身体会的,如今也成了考古界全体同仁的共识。首先,考古调查与勘探是必须用到科技考古技术与方法的,大到地球物理化学方法的勘探和各种遥感考古手段的应用,小到无人机、全站仪以及各类测绘工具的应用。比方说调查与勘探,现在一个很小的工地,很可能就是通过遥感和航拍来进行测绘的。我们曾拍过江南土墩墓的一个航片,从空中来看土墩墓到底是什么样的一个布局，看得非常清晰。其次，在考古发掘过程当中科技考古手段要及时跟进。从动物、植物考古到人骨测年，从定量、定性采样到特定器物残留物分析。现在我们很多考古现场挖出来的器物，里面的土基本上就不掏了，而是让植物考古的人来掏，出土的石器不能洗了，需要搞微痕观察的人来做。还有就是三维建模、信息系统的重建。我们在江苏金坛发掘土墩墓，墓葬信息一层一层的，每做一层，都做了三维。因为土墩墓比较复杂，用李伯谦先生的话说，土墩墓除了地层学之外，另外还要用埋藏学的方法来发掘，所以说挖掉了就没有了。我们就不停地进行三维建模，最终搞清土墩墓的营造过程，通过三维技术把它还原出来。

现在，每个考古工地的采样和标本采集基本都非常规范了。对于一个完美的考古工地来说，我们需要相关的科技考古专业人员在第一时间亲自采集和处理相关的样本。我们要求从事科技考古的专业人员首先是一个合格的、田野功夫过硬的考古队员或考古领队。我们有一位叫朱晓汀的博士是做体质人类学研究的，她现在手里集中了几批人骨，一个是梁王城的，有大概一两百具，还有就是蒋庄的两三百具，还有她自己去年挖了一个孔塘遗址，也有两三百座墓葬，总共差不多积累了一千多具骨骼的材料，而且时代都比较相近，都是在距今4000年到5000年左右这一时期，学术价值极高。这一千多具骨骼标本不是别人提供给她的研究标本，而是她自己亲自发掘清理出来的，这其中的信息量我想是不可同日而语的。在她入职之初，我就跟她说：从事体质人类学考古一定要自己亲自发掘骨骼，认识到底是怎么埋葬的；不能只管鉴定，纯粹搞人骨，最终会"见骨不见人"。从第一具骨骼发现开始，自己把它剔出来、清理出来并进行测量、观察、清洗，全部是一个人完成或者自己要在现场，这样利于她将来再做研究的时候可以深化。所以说，我们南京博物院现在的体质人类学实验室应该是做得不错的。植物考古方面，我们现在也有植物考古的专业人员，是山东大学靳桂云老师和栾丰实老师的学生，我们所有的史前、商周时期的工地，植物考古都做得较好。像我们所发掘的顺山集遗址，邀请包括中国科技大学、山东大学、天津大学好几个高校的科技考古学者参加综合研究，取得了一批很有影响的成果。相对而言，我们的动物考古因为缺少专业人员，就感到力不从心。我们江南地区有很多贝丘遗址，比方说溧阳秦堂山遗址，类似贝丘堆积有两三米厚，里面有大量的各种贝壳。它们到底是什么性质的？到底能不能叫贝丘遗址？动物标本的采样，若没有相关专业人员，就无法深入开展。考古工作到最后的整理阶段，更是离不开科技考古。一本考古报告里面包括年代学、骨骼考古、体质人类学、动植物考古、环境考古等诸多科技考古的内容，因此是传统考古理论方法和科技考古集大成的最终成果。

第三部分我想讲的是科技考古是和传统的考古相辅相成的，前者在某种程度上推动了考古工作的规范化和标准化建设。现在的考古界，大家都有的一个共识就是我们在制订考古计划的时候，科技考古的理念方法和内容一定是一个完整的考古计划的有机组成部分，是要贯穿考古工作始终的。包括遗址的测绘、采样、遗址保护、遗物保存、要花多少钱、做哪些测试、解决什么问题，这些内容都必须在考古计划中得到体现，并在考古工作中得以实施。2009年，国家文物局新《田野考古操作规程》的颁布，对科技考古的内容做了规定，做出了明确的要求。实际上，2009年《田野考古操作规程》的修订也是我国科技考古积累多年以后，学界意识到它的重要性，所以反过来修改的，增加了系统的科技考古工作内容和较为完备的标准。国家文物局为此还举办了包括科技考古培训班在内的各类培训班，好让考古领队尽快适应并自觉遵照执行，依照新操作规程开展工作。科技考古里面很多东西是有标准的，包括田野考古的植物浮选是什么标本、碳十四怎么采集样本、骨骼怎么采集。国家文物局委托中国文化遗产保护研究院制订的相关标准已经颁布实施。由此看来，科技考古对传统考古起到一种极大的反哺学科发展的作用，及时推动了考古发掘理念的调整和中国田野考古工作的标准化建设，包括科技采样、田野考古流程设计、考古发掘现场当中的现场保护、文物的急救车、重要遗迹和墓葬的整取与套取等各种各样的方法，都是在科技考古的影响下取得的。

考古学研究的内容越来越深入，多学科研究快速推进，并且逐步成为一个固定的模式。比方说禹会遗址报告，每一个章节中大量地把科技考古的内容和传统考古学本身的内容糅合在一起来编写报告，从科技考古里面观察到的一些现象、结果和结论，可以得到有效的考古解释。不再像以前那样，科技考古的研究与传统考古的研究呈现出两张皮。科技考古和传统考古是一个有机的整体，这也成为学术界的一个共识，并且逐步成为固定的模式。像喇家遗址和禹会遗址，包括植物、动物、食谱、地质、同位素、土壤微形态、年代学、人骨等科技考古的内容都能有机地糅合在整本考古报告中。还有2016年栾丰实老师主编的日照两城镇考古报告，非常厚重，里面的内容很丰富，很多就是科技考古的内容。

科技考古还催生了实验室考古，我们提出实验室考古也就是最近几年的事情，实际上就是和科技考古有关系的。讲我们江苏的例子，在大云山遗址里面发现了那个琉璃的编磬，通过科技考古和实验室考古，我们把它复原了，其意义自不待言，因为这是迄今为止中国乃至世界范围内考古出土的唯一一套琉璃编磬。另外，在扬州发现的隋炀帝墓和萧后墓，我们争取到中国社会科学院考古研究所做实验室考古，萧后墓的骨骸已经粉化成很薄很薄的残迹，一张纸片一样的一个人的形状，送到北京去做实验室考古，得出的信息肯定会更多。还有大云山的玉棺，我们基本上复原了一个，已经拿到美国洛杉矶博物馆去做展示。大云山琉璃编磬也复原了，并且做了好几套复制品。如果没有科技考古的测试支撑这些是根本做不出来的。

我最后要讲的内容就是科技考古助力文化遗产保护和社会发展。我们现在很多的遗址博物馆和考古遗址公园的建设，需要科技考古的参与。最重要的，比方说信息系统就需要科技考古来完成。像良渚遗址，上百平方千米的面积，包括大型水坝和水利工程，如果没有一个大的信息系统，没有环境考古和地理信息系统支撑，那是不可想象的。已经申遗成功的土司遗址、大运河等重要遗产，它们的保护与利用都离不开科技考古的支撑。另外，科技考古还可以让文物活起来。如大云山的玉棺，修好以后马上就可以送到美国洛杉矶博物馆展示；萧后的凤冠也是做了实验室考古，出土的时候已经是一堆泥巴，修好以后就非常地艳丽，成为扬州博物馆内最惊艳的展品。最后还有一点，科技考古可以让文物"嗨"起来，活起来。它符合当今区域社会经济发展的趋势。当我看到数十名壮汉抬着大酒坛，台下上千人满怀激情为"贾湖酒"进行封藏大典的时候，我在想，我们整天讲考古学文化，比如贾湖文化、顺山集文化、王湾三期文化、后岗二期文化，社会上知道的人真的很少很少，但是一个贾湖酒文化节，一下子几千个人乃至上万人都知道贾湖遗址和贾湖文化，贾湖酒文化节所依托的就是我们科技考古的最新成果。科技考古成果服务社会的影响力是很大的，可以为我们的文化遗产保护圈得更多的"铁粉"。

最后是结语，通观整个中国考古学的发展历程，从古器物学——以研究古代遗物为主，近代考古学——以田野考古为基础构建我国史前历史，发展到现代考古学——以全面复原古代人类社会、研究人类历史发展规律为目标。这与当今国际考古学界流行的学科目标是高度吻合的。中国考古已经站在世界考古的学术平台上，具有更严谨的科学内涵和更开阔的国际视野。当今国际考古学界流行的学科目标有三个方面：一是复原文化历史，二是复原个体人类的生活方式，三是阐明文化发展的进程。这三个方面的任务离开科技考古是无法实现的。所以说考古学的终极目标，注定了考古学是与自然科学结合最为紧密的人文学科，并将在新的历史条件和时代的要求下深度融合，向着更高、更强、更精细、更全面的方向发展。科学是没有国界的，科学可以证伪。有人说历史学不是科学，历史是任人打扮的小姑娘，但是他不能说考古学不是科学。科学的东西是可以反复做实验的、反复做认证的，水在一百摄氏度沸腾是不能改变的。科技考古的结论和成果都是可以证伪的，是可以反复做实验的。所以说科技考古学让中国考古学具备了国际视野和中国范式。科技考古开启了中国考古学步入黄金时代的大门，虽然我们开启这扇大门花费了差不多有半个多世纪的时间，但是这个大门打开了！所以今天特别荣幸在这里做这个演讲。

谢谢大家！

碳十四测年的研究进展与思考

吴小红　北京大学考古文博学院

我拿到的命题作文题目是关于碳十四测年的研究进展与思考。碳十四年代测定是考古学中的一项专门技术,也是我自留北大以来所从事的主要工作。一个纯粹自然科学背景的人进入到考古学领域,这个属于人文科学范畴的学科,更何况要从事科技考古教书育人的工作,自己不断思考并寻找定位是在所难免的。考古学究竟是什么?科技考古究竟是什么?这是我长期不断思考的问题,至今仍在思考。今天,就让我们以碳十四测年技术为题,探究如何把一个单一而具体的技术问题纳入到考古学的框架体系之中去思考。

首先,什么是考古学?它是通过研究古代人类活动遗留下来的实物遗存达到复原古代社会的目的。这个定义包含了两个层面:一是人文的,二是自然科学的。因为考古学的研究对象是实物遗存,必然要借用自然科学的手段来提取相关信息,而这些实物遗存是与人类活动相关的,考古学的学术目的是复原古代社会。因此,考古学学术问题的本质是与人类、人类社会相关的。考古学人文与自然科学交织的属性导致了考古学多学科的特质,自然科学技术的介入是其学科发展的必然。

在中国的学科体系下,考古学一直是历史学下的二级学科,直到最近几年,考古才正式升级成为一级学科,因此中国考古学具有强烈的史学传统。这一史学传统对于中国考古学的学术问题引导有巨大的作用。长期以来,考古学以建立文化谱系脉络为主要学术目的,科技考古的发展也是在这一框架体系下产生的。在这一背景之下,年代学很早便成为考古学学科体系建设中的主要内容,成为科技考古的重要内容、核心内容。年代学的研究体系在考古学文化区系理论的框架下建立,为考古学文化谱系提供相应的绝对纪年,成为了中国年代学的研究范式。

而今天的考古学已经进入了以文化遗产保护为大背景的时代,我们需要回答的学术问题也相应地变得愈发广泛。科技考古在这一大背景下也产生诸多分支,广泛地应用了不同门类的技术和方法。同样的,考古年代学在解答这一新背景下的学术问题时,也产生了相应的变化。

考古年代学一方面还要继续解决考古学文化谱系的年代问题,另一方面也要为探索文化遗产保护背景下的新考古学问题提供年代支撑。目前,这两个层面的年代学研究一直在并行发展。

考古年代研究究竟是什么?考古年代学常常使人联想到一系列的自然科学技术方法。诚然如此,年代学中的很多方法都独立于考古学原理、方法而建立。而将这些方法应用到考古学中,就必须要与考古学的基本方法相关联。考古学的两个基本方法是地层学和类型学,若在年代学层面上说,地层学和类型学可以给出相对年代,而基于自然科学技术的一系列测年方法解决的是绝对纪年。年代学的绝对测年方法和地层学、类型学相结合,才能使绝对纪年获得考古学的意义。

接下来,我们再梳理一下碳十四测年的发展脉络。首先,从技术层面而言,20 世纪 50 年代,当时还属于中国科学院的考古研究所率先建立了碳十四实验室,以气体法来制备样品并进行测量。到了 20 世纪 70 年代,北京大学建立了碳十四实验室,率先使用了液体闪烁计数器法进行年代测定。随着测年方法的不断提升,北京大学在牛津大学的支持之下引进了中国第一台用于碳十四测年的加速器质谱仪。现在,北大已购置了一台新的加速器质谱仪,专门用于碳十四测年的年代研究。因此,从技术层面而言,碳十四测年的研究一直独立于考古学,在技术上不断地进行更新和发展。

从考古学角度出发,当年代学技术应用到考古上,它必须回答考古学的相关问题。当我们用碳十四方法来研究文化谱系时,首先要对不同地区的考古学文化谱系作基本梳理,在不同的区域、不同的文化圈选择重点遗址进行系列碳十四年代分析,最后给出绝对年代框架。这样的年代学是两个层面的结合,一是文化谱系的相对年代序列,二是作为绝对纪年方法的碳十四绝对年代结果,二者结合给出考古学文化谱系的绝对年代框架。

这样的年代研究方法应用在夏商周断代工程和中华文明探源项目中,可以进行大量具体研究工作。研究工作可以分为两个层面:一是跨区域比较,包括中原地区、黄河下游、长江中下游地区的比较。绝对纪年赋予了考古学文化谱系理论之外的年代支撑,使得不同区域的文化具有了相互比较的基础。二是对同一区域内不同地点,我们也进行了碳十四测年的比较研究。以此绝对年代框架与相对年代谱系两套体系相互佐证、不断完善、及时修正。

研究工作的第二个方面,是针对遗址本身的研究。例如,北京大学曾与湖南省文物考古研究所、美国哈佛大学合作,采取了多学科的研究方式,探讨湖南澧阳平原的早期稻作农业。不同学科的科研人员都在现场进行勘测。从最开始以解决早期稻作农业为研究目标,到在研究过程中不断产生新的问题,需要我们整合不同信息,再运用相应的研究手段来解答。对湖南澧阳平原而言,早期陶器是非常重要的学术问题之一。由于陶器不能直接用碳十四方法进行年代测定,用与陶器相关样品所得到的年代数据要么不够准确,要么就是证据不足,不能被学术界所信任并使用。若用可测年样品来代替陶器进行年代测定,就要求我们把陶器的年代问题转化为可测年样品与陶器同出关系的研究,要理解测年样品是否与陶器具有相同的形成时间,需要理解与陶器相关地层堆积的形成过程。一旦了解了堆积的形成过程,我们便能对埋藏陶器单位的堆积进行系列碳十四测年,以此给出准确的陶器年代。考古地层堆积过程的研究使我们得到了可靠的、被学术界认可的早期陶器的相关年代数据。湖南道县玉蟾岩和江西仙人洞的早期陶器研究便是两个具有代表性的案例,研究结果把中国早期陶器的时间向前推进到了距今2万年(图1到图3)。这是目前世界上最早的陶器年代学数据,具有考古地层学的支撑。

良渚古城的年代学研究是另一个碳十四测年应用于单个遗址的案例。

众所周知,良渚古城遗址占地庞大,是一处十分重要的都邑性遗址。和传统的简单年代学研究不同,我们无法仅从一个地层剖面或地层单位里的样品测试结果诠释良渚遗址的年代。结合良渚遗址不同功能区域的空间分布,从不同堆积单位进行系列碳十四测定是必须的,这样的研究也使我们对良渚遗址空间布局的发展脉络有了较为清晰的把握。研究发现,良渚遗址的早期就建有大型水利工程;接着在良渚遗址的核心区,如莫角山上有高等级的建筑基址；到了良渚文化晚期，城墙逐渐出现。在良渚遗址的研究中，年代学的方法也应用到了聚落研究中。良渚中心遗址和周边次级聚落的关系是我们感兴趣的话题。为了厘清两者的关系，也对这些次级聚落展开了系统的年代研究。这样整合起来得出了不同的年代结构：彭公水坝等处的年代、莫角山及其周边美人地的年代，给出了良渚古城的建设布局，从早到晚分层次展开；良渚次级聚落，如茅山、玉架山、广富林的年代框架也使得良渚聚落群的研究有了可靠的年代支撑。

随着研究的不断深入，测年的技术和方法也在不断推进。碳十四测年与历史纪年结合，对一个具有明确历史纪年的遗址进行一系列的测定，以提升测年精准性。这是技术辅助与考古问题指导结合的共同推进。我们与牛津大学合作，利用贝叶斯统计方法和考古信息，尝试更好地解决考古学研究中与历史纪年相关部分的问题。

总而言之，虽然以方法论而言，科技考古中众多技术和方法是属自然科学的范畴，但这些方法被应用到考古学领域，它们所要回答的问题是考古学问题，问题的核心是人文的问题，自然科学与人文科学的结合是考古学的本质特点。以上是我报告的内容。

谢谢！

环境考古的研究进展与思考

莫多闻　北京大学城市与环境学院

　　复旦大学科技考古研究院的成立,是复旦大学"双一流"建设的大事,也是中国考古学发展的一件大事。本人应邀参加今天的成立大会和学术讨论会,非常高兴。在此对复旦大学科技考古研究院的成立表示热烈祝贺!科技考古研究院的成立确实赶上了"天时""地利"。目前已有的科技考古理论方法已在世界范围内基本成熟,国内外的很多经典研究范例也十分丰富。我国这些年对科技的投入,对学术研究的投入可以说已进入了世界一流的行列,国内许多单位的研究设备也属于世界一流水平。即使部分单位的设备还没有达到世界一流水平,在其他单位的支持下,比如,科技考古研究院在复旦大学的支持下,也有望在不久的将来,达到世界一流水平。所以我希望,也祝愿科技考古研究院特别注意加大人才培养的力度,加大科学研究和国内外合作的力度。这样一来,我相信研究院一定能取得一系列科技考古的突破与创新,成为中国甚至世界著名的科技考古中心。

　　与会学者围绕科技考古发展问题作了精彩的报告,一些学者发表了高水平的演讲。本人从事环境考古研究。环境考古在古代环境重建和人地关系分析过程中,需要运用许多自然科学和技术方法,因此,有的学者将环境考古也归属于广义的科技考古范畴。环境考古同科技考古的关系十分密切,其中以古代生业经济研究为主要目标的动物考古和植物考古,同环境考古的关系尤其密切。狩猎采集经济涉及对野生动植物资源的利用,农业畜牧业经济涉及气候、土地资源、水资源、动植物资源。所有自然资源的特征和变化、人类对资源的认识和利用开发,都是环境考古研究的重要内容。因此,本人想借此机会谈谈环境考古的有关问题。

一、环境考古学发展的历史与背景

环境考古学的概念或定义有很多种说法,并随着环境考古学的发展而有所变化。这里定义为:运用各种古环境重建的方法和技术,在重建古代人类生存环境的基础上,研究和阐明古代人类文化特征形成和演化的历史同自然环境之间的关系与相互作用机制的学科。

人类活动同自然环境的相互作用与人类的历史相伴随,人类对自然环境和人地关系的探究也有非常久远的历史。而环境考古理念的出现和环境考古学的形成也大致同现代考古学的形成相伴,并随考古学的发展而发展。19世纪中期是现代考古学形成的初期,斯堪的纳维亚半岛及欧洲的一些考古发掘,就开始了人类文化同环境背景关系研究的实践。20世纪早期,欧洲、美洲、近东和中亚地区的一些考古工作也涉及了环境考古相关问题的研究。英国学者于20世纪30年代率先提出了环境考古概念,并在伦敦考古研究院建立了环境考古部,标志着环境考古学科方向的形成。但总体而言,国际上20世纪早期的考古学仍以重建各地区古代文化和历史为主要目标,对于文化的变迁多倾向于用文化的传播和影响来解释,环境考古的研究尚未受到足够重视,或者有关的分析研究还不够深入。20世纪中期,受自然科学中生态学发展的影响,文化生态学、功能—过程考古学等学术思潮的兴起,为考古学理念带来了革命性的变化。考古学已不再满足于对历史的重建,而是一方面强调要通过对遗迹遗物的综合研究,尽可能全面重建古代人类的生产生活方式、社会组织、意识形态等人类文化的各个方面;另一方面要探寻人类文化特征形成与变迁的原因与动力机制,并认为人类行为对环境的适应是文化特征形成和变迁的主要动因。如此,环境研究不再只是作为人类文化背景而进行的交叉研究,而是成为考古学研究的重要组成部分,并且是解释文化形成与变迁的重要前提。观念的变革带动研究方法和研究水平的迅速提高,环境考古学发展成为考古学中一个比较成熟的分支学科,在当时的许多考古研究,包括新兴起的农业考古、聚落考古等研究中发挥了重要的作用。上世纪晚期以来,所谓后过程考古学兴起,流派繁多。其特点之一是强调人类文化、观念和意识等在文化形成与变迁中的作用。但过程考古学阶段的主要思想与理念仍得到延续与发展。某些流派,如景观考古学更强调了对环境研究的重视。袁靖老师提到的目前世界上最权威和内容最系统的考古学教科书之一、英国学者伦福儒的《考古学:理论、方法与实践》,有专门一章介绍环境考古学,并且在其他各章的内容之中还有所涉及。其中专门一章所列举的当代考古学发掘与研究的四则典型案例,都包括了环境考古的内容。总之,重视环境考古学研究,可以说是当代国际考古学界的主流共识。

另一方面,20世纪中期以来,国际学术界,也包括政府和公众,对环境变迁关注度的持续升温,全球范围内环境变迁研究的大规模展开,也极大地促进了环境考古和古代人地关系研究的发展。这一过程中,古环境重建的新方法、新技术大量涌现。对古代环境特征重建的可靠性、时间和空间分辨率不断提高。古代环境重建的成果和资料正呈现爆炸式的增长。人们对全球各地各时期环境特征认识的深度和广度达到前所未有的水平。国际上有许多研究就直接利用古环境研究的成果来解释某些地区的文化变迁。如用相关地区古环境研究的成果来解释埃及、两河流域、中美洲等古代文明的兴衰演化,被认为是上世纪晚期以来在古代人地关系领域取得的突破性成果。另一方面,考古学为扩大自己的社会影响力,也主动加强同环境变迁和人地关系研究的关联。近年来,国际考古学界对"人类世"问题的关注和重视就是一例。

我国有重视人地关系研究的传统,历史上就有一些学者对此有过精辟的论述。我国早期的一些考古发掘,如北京周口店、山西西阴村、河南仰韶、安阳殷墟等遗址的发掘,有地质学家和古生物学家参与,涉及了遗址周围的地貌、出土动植物遗存鉴定及古气候复原等问题。上世纪中期的一些考古发掘增加了孢粉分析等古环境研究工作。同时,历史地理学者同考古学家合作开展了沙漠地区环境变迁同聚落兴废历史关系的研究。改革开放以后,国外环境考古思想得以在我国传播。多位著名考古学家曾撰文呼吁加强环境考古学研究。如上个世纪80年代早期严文明先生在谈到解决我国新石器时代文化起源等重大问题、提高新石器时代考古研究水平时,提出要特别注意加强环境考古研究。俞伟超先生20世纪90年代初在《考古学新理解论纲》一文中专门阐述了"环境论"。1990年,周昆叔先生在陕西省考古研究所和巩启明先生支持下，联络相关单位和学者在西安举行了第一届"中国环境考古学学术讨论会"，会后出版了《环境考古研究》第一辑，标志着我国环境考古学科方向开始发展起来。今天在座的袁靖先生上个世纪90年代即在胶东半岛地区进行了环境考古研究，出版了《胶东半岛贝丘遗址环境考古》的专著。自20世纪80年代以来的30余年里，许多考古学、第四纪科学和地理科学等学科的学者，进行了大量与环境考古问题相关的研究。部分重要的考古发掘研究和考古报告包括了较全面的环境考古研究内容，夏商周断代工程和中华文明探源工程等重大国家项目设立了环境考古方面的课题，环境考古的观念和意识已越来越被广大考古学家所接受和认同，中国的环境考古学已呈现良好的发展势头。

二、环境的概念与内涵

古代人类生存环境（遗址的或区域的）的重建是环境考古的基础工作。对环境的含义及其所包括的内容或要素等，不同学者的研究和表述有所不同。总体而言，随着考古学和环境考古学的发展，人们对环境的含义和内容的理解有不断丰富和扩展的过程。其中美国学者巴策尔的著作和英国学者伦福儒的教材比较全面地介绍了古环境研究方法、成果及其在考古学研究中的应用。但迄今为止，还缺少对自然环境本质的高度概括和统一的要素分类。如一些文献往往将气候、地貌的一些子要素同其他要素并列，使得环境的内容看起来十分繁杂而难以把握。再如许多文献将沉积列为重要的环境要素，虽然沉积是重要的古环境信息来源，但沉积的形成过程和沉积物特征等都属于地貌学研究的范畴。为了便于考古学家对环境的本质和环境系统的概貌有清晰的理解，本人曾提出，自然环境可以概括地表述为：人类自身及其所创造物（除物质的以外，还包括社会组织、精神文化等）以外的空间、物质、能量和运动变化过程。对环境系统的第一层次要素分类可以划分为空间与位置、气候、地貌、水文、土壤、生物、地质（构造、岩石、矿物等）、地球内部过程、天文等9个方面。这种划分的优点是能将人们所知的（甚至未知的）各种环境要素包含于上述9个方面，同时每个方面都有与其相关的自然科学相对应。其中从气候到地质这6个方面在已有的环境考古研究中经常涉及，不成问题。空间与位置看似不能算环境,其实不然,人类群体处在某一空间位置之时,即使其他环境要素特征都相似的情况下,单纯的空间与位置的差别也可以导致文化形成和变迁的差别。地球内部过程虽然涉及不多,但由此而引起的地震、火山活动等可以对人类产生重大影响。虽然天文因素中对人类活动影响很大的诸如太阳活动、地球轨道变化等已包括在气候这一因素之中,但如发生陨石撞击事件,虽然少见,却可以产生灾难性后果。而且各种天象对人类原始信仰、精神文化等方面的影响在各种古文化中都是常见的现象。

自然灾害可以理解为某一环境要素或某几个环境要素共同作用的特殊过程或事件。如干旱是特殊的气候条件,洪水是特殊的水文过程(与特殊的天气过程和低平的地貌特征共同作用)。环境考古学研究不仅要关注常态的环境过程,也要关注这些异常的特殊环境过程和事件对人类文化的影响。资源则是一种人地关系,上述对人类活动形成支撑作用的环境要素被人类利用开发时就是资源。

上述每一要素还可以进一步划分出次一级的子要素或因子,如气候可以划分出气温、降水、蒸发量等,地貌可以划分出不同的类型单元和不同的地貌过程等。对自然环境复杂性认识的意义在于,在进行环境考古研究中,要对自然环境的各种要素及其对人类文化可能的影响做全面考量,避免不顾内在的关联机制,单纯用某一环境要素的特征和变化来解释任何文化特征和文化变迁而得出偏颇的结论。必须在全面考量的基础上,发现某一要素确实在文化特征形成和变迁过程中发挥了关键性作用时才可以得到单要素关联的结论。

每一种环境要素的重建需要运用相关学科的研究方法,其中第四纪科学的古环境研究已包括大部分古环境重建方法,因而是环境考古学的重要基础。需要指出的是,目前全国各地区大量的古环境研究,已积累了大量的古环境研究成果和资料,在开展任何一项环境考古研究项目的时候,首先需要充分收集和分析利用已有的相关古环境研究成果和资料。

三、人地关系与环境考古研究的人地互动原则

环境考古研究的目标是揭示和阐明古代人类文化形成和演变同自然环

境之间的关系与相互作用机制,即古代人类文化形成和变迁中的人地关系动因分析,同时涉及人类活动对周围环境的影响。人地关系研究一直被认为是地理学研究的核心问题,也是人类学、社会学、民族学等学科研究的重要内容。但迄今为止,一些重要的人地关系理论,如环境决定论、环境适应论、文化决定论等虽然都能解释一些事实,但同时又与另外一些事实相矛盾而受到质疑。过程考古学认为人类文化的形成与变迁是对环境进行适应性调节的结果,而后过程考古学的一些派别则强调文化包括观念意识等对于塑造古人行为的重要作用。因此,正确理解自然环境与人类行为之间的相互作用是环境考古乃至考古学的重要问题。

自然环境与人类行为或文化之间的相互作用十分复杂。为便于理解,可以分别考察环境怎样作用于人,人类行为又怎样作用于环境。环境对于古代人类和文化的影响与作用,虽然复杂,但可以概括为四个方面:支撑、影响、制约和危害。(1)环境为人类本身及全部行为提供物质基础、能量和活动场所。可以说,没有环境就没有人类及人类的一切活动。(2)环境通过物质、能量和信息的传递,直接或间接影响人类文化的方方面面。(3)在一定的环境条件下,人类可以做什么,虽然可以有多种选择,但这些选择都局限于环境条件允许的范围之内,即环境对人类行为构成制约关系。人类依靠技术进步可以突破某些制约,但仍存在其他制约关系,并可能出现新的制约,即任何时候人类都不可能为所欲为。(4)不利的环境条件或灾害性的环境过程或事件可能对人类产生灾难性的危害。

人类行为对于环境的作用虽具有非常广泛的多样性,但可以概括为五个方面,即人类对环境的感知、选择与利用、适应、改造和破坏。(1)人类通过信息感知(以视觉感知为主)形成和积累对环境的认识,这些认识既是人类利用自然造福自己的基础,也是精神文化的部分来源。(2)在认识环境的基础上,选择那些自己需要的资源或环境条件,以自以为最为有利的方式加以利用。其选择和利用的方式,既与对环境的认识相关,也同人类的技术水平、社会发展阶段和文化观念相关。(3)人类行为必须同环境条件相适应。在科学认识的基础上采取适应环境的行为可称之为主动适应。在认识水平不高时采取的不适应行为,会遭到环境的报复而被迫调整人类行为的过程,可称之为被动适应。(4)人类也可以根据需求对环境施加一定的改造。(5)人类在利用和改造环境的过程中,有可能造成对资源的耗费和环境的破坏。

上述的分析和概括可以称为人地相互作用关系或人地互动关系。上述分析表明,自然环境对人类行为或文化的制约、人类行为或文化对环境的适应都是肯定的。但环境适应原理并不规定人类行为或文化的所有方面,即在满足环境适应的前提下,人类行为或文化可以具有丰富的多样性。文化变迁也不全是由于环境变化所触发的,文化的传播、技术的进步、观念的变革等都可以触发文化的变迁。而所形成的新的文化体系,尽管可以有丰富的多样性,但仍然必须符合环境适应原理,否则就不可能持久延续和发展。所以,在环境考古研究中,需要秉持人地互动的原则,尽可能综合考虑环境和文化在文化特征形成与文化变迁过程中各自发挥了何种作用以及二者间的互动作用。要做到这一点,考古学家要多了解环境研究的方法和成果,而环境学家也要多了解考古学的方法和内容,或者两方面学者共同合作研究。

袁靖先生对胶东半岛沿海地区贝丘遗址进行的研究可以作为说明上述关系的实例。他的研究表明,大致距今 6 000—4 800 多年之间,海平面比现在高 2 米左右,高潮位时海水的影响可达海拔 5 米左右的高程。这一带的先民充分利用当时沿海地区的贝类、鱼类资源与陆地上的动植物资源,发展了采集、捞贝、捕鱼、狩猎和家畜饲养等生计方式,并将居址安排在地势较高的台地上。其生计方式和聚落分布显然适应了当时当地的资源和环境条件,同时也反映了古人对动植物资源和地貌等环境条件的认识水平和利用开发水平。在历时一千余年的文化延续过程中,人类的捕捞等导致了当地贝类等资源出现了逐渐衰退的趋势。上述过程清楚显示出人类行为与自然环境的互动过程。在这一过程的晚期,气候的暖湿程度有所降低,海面下降,岸线向海迁移,陆地范围扩大,遗址中大汶口文化因素增加。大致距今 4 800 年前后,当地以渔猎采集为主的文化消亡。袁先生认为这一文化消亡的原因虽然同气候、海面与岸线变化和贝类等资源的衰退有一定关系,但更主要的原因是大汶口文化东扩导致了当地文化的变化。然而,以粟类种植为主的大汶口文化能传播到此,或被当地先民接受,也说明此地当时的土地资源和气候等环境条件可以适合大汶口文化的生产生活方式,否则,这种文化转变就难以发生。

我的发言就到这里,谢谢大家。

人骨考古的研究进展与思考
——以小河墓地研究为例

朱 泓　吉林大学边疆考古研究中心

首先非常感谢复旦大学文物与博物馆学系和科技考古研究院邀请我来和大家一起思考科技考古学科建设的问题。当袁靖老师邀请我来复旦大学来做一个简短的报告时,我就想起前些年高蒙河老师也曾邀请我来复旦大学,给同学们做过一个有关小河墓地考古发现和发掘工作的报告。当时我只讲了吉林大学边疆考古研究中心的师生和新疆文物考古研究所的同行们一起开展的小河墓地2004年和2005年的发掘工作,并汇报了发掘的过程和部分采样的过程。但在当时,仍有很多问题没有能够得到解答,恰好借今天这个机会,我能把我们已经完成的古人骨研究的概况向大家做一个汇报。需要说明的是,我所讲的这些内容仅仅是我们对小河墓地出土人骨进行整理研究后得出的十分初步的结论。

一、小河墓地概况

图1是小河墓地的远景。2004年秋至2005年春,吉林大学和新疆文物考古研究所联合组队对小河墓地进行了发掘,多位老师和学生参加了工作,我本人分别在2004年和2005年两次都到现场进行了工作。

图2和图3是小河墓地当时发掘过程中的一些照片。图4和图5是小河墓地的一些遗迹现象。其中的大木柱子是过去在祭祀活动中使用的。另有一些木桩分别表示男女两性生殖器的象征物,其分布有一定规律:出土女性

人骨考古的研究进展与思考

图 1　小河墓地远景

图 2　朱泓教授在小河墓地现场鉴定并接受
中央电视台主持人焦建成的采访

053

图 3　朱泓教授在小河墓地现场接受 CCTV 和
　　　日本 NHK 电视台现场联合采访

图 4　小河墓地木桩

图 5　小河墓地木桩

的墓上，一定会树立一根类似男根的象征物；反之，墓葬中埋的是男性个体，墓葬上便会有一个象征女阴的象征物。从时间顺序上来看，早期的人骨保存情况不理想，干尸没有能够都保存下来，很多个体都已白骨化了。因此，一部分个体的性别、年龄还需要进一步鉴定，甚至无法鉴定。以上是我们当时进行采样工作的一些基本情况。

图 6 就是著名的小河公主。从外形上看，有着十分明显的白种人的特征，连头发和眼睫毛都是亚麻色的，眼窝非常深（图 7）。我们第一次去的时候，发

图 6　小河公主

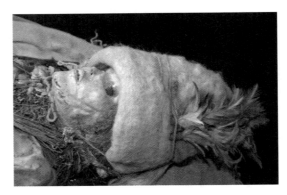

图 7　小河公主近景

掘刚开始不久。因此,2004 年的时候,当我们看到了这个样本时,都觉得小河墓地这批古代居民应该是比较纯粹的白种人。然而,随着发掘的深入,情况变得不一样了,越往下发掘,黄种人遗骸开始不断出现,而且越到早期地层,黄种人的比例就越高。当然,这是在我们后续研究中认识到的结论。

二、研究与发现

下面,我就分几个方面向大家介绍一下我们研究的主要收获。

(一) 古人种学研究

从人种角度而言,正如我刚才所说的,保存情况分两种,一种是完全白骨化的,早期的样本基本都属于这个情况,几乎没有保存完整的干尸,所以需要做各种各样的性别年龄鉴定。晚期的样本完整的干尸居多,再加上墓葬上有表示性别的木柱子,所以晚期墓葬个体的性别判断能做到非常准确。即使不鉴定,但凡观察木柱子形状是桨还是圆柱就能知道墓主的性别。这批古人类材料的干尸都保存在乌鲁木齐,而白骨化样本都运到了吉林大学边疆考古研究中心的实验室。所以,我们古人种学的主要研究对象是小河墓地的第四层和第五层,也就是以早期的人骨样本为主,附加少量来自第三层的人骨样本。以小河墓地出土的男性头骨为例,明显可以分成两部分:一组头骨眉弓粗壮,眼眶眼窝比较深,拥有明显的白种人特征;另一组样本中,黄种人的特征就比较明显,和在中国境内出土的先秦时期的绝大多数头骨都非常相似。女性的头骨也有这样两组的对比。鉴于这种情况,我们又做了种系纯度分析,分析的结果很有意思。从直观的表面特征上来看,这批人骨材料有的像白种人,有的像黄种人。然而,对这批材料的体质人类学测量数据进行分析后,我们发现,他们明显具有一个同种系的特点。因此,我们认为,在小河墓地这些不同来源的人群已经充分混杂了。小河墓地连续使用了将近四五百年,在这漫长的时间中,这群人长期共用同一个墓地,说明他们之间有着密切的通婚关系。为了进一步讨论这个人群的来源,我们做了多元统计分析。我们对比了来自中国西北、东北、中亚、欧洲、西亚、新疆的人种标本,发现小河墓地的人群样本介于黄种人和白种人之间,它具体的数据落在白种人的大类群里。因此,总体而言,小河墓地的人群在表面上有明显的欧罗巴人种和黄种人两种特征,其中,白种人的特征更为明显。但考虑到其他考古证据,我们仍把它作为一个同种系的样本来对待。

更有意思的是,上述体质人类学的结论与分子考古学团队古 DNA 研究的结果并不完全相同。吉林大学古 DNA 实验室周慧老师团队的研究结果表明,这批早期的人骨材料,以黄种人的成分为主,欧亚东部的谱系占优势。也就是说,体质人类学研究和 DNA 研究的结论虽然都认同了人群的混杂存在,但混杂的具体比例结果不一致。我们用体质人类学的方法做出来的表型的结果和基因型的表现有所出入。在这种情况下,考虑到基因显像在体质形态上的时间差,我个人更重视基因型研究的结果。

(二) 牙齿人类学研究

研究发现,小河墓地人骨材料的牙齿普遍存在过度磨耗的现象。能够进行牙齿人类学研究的样本共 36 例,剩余的牙齿牙冠完全磨耗了,无法进行牙齿人类学的研究。我们采用了美国的亚利桑那系统进行测量,并与国内外的对比组来进行比较。比较的结果表明,小河墓地的牙齿数据明显落在欧洲和近东的牙齿材料的范围内。因此,和体质人类学结果一致,牙齿人学的研究结果也显示,白种人在小河墓地人群的影响更多,该人群总体上介于欧亚两大人群之间,但与西部欧亚人群之间的关系更为密切。

（三）古人口学研究

我们一共对小河墓地的 130 例个体的性别、年龄进行了鉴定和统计,当然其中有部分骨骼保存情况不理想,无法鉴定出性别和年龄。从可以鉴定的结果来看,整个小河墓地的古代先民的平均寿命是 33.29 岁。按照现代人的标准,他们的寿命无疑很短,但在距今 4000 年左右的古代,这个年龄值并不算短命。参考我们研究的多个遗址的古人口年龄结构,绝大多数人群的死亡年龄都比这个平均寿命更短一些,一般都在 27—29 岁左右,超过 30 岁的就算是长寿的。另外,我对小河墓地古人口学研究结果持有怀疑的是偏低的幼儿死亡概率。在 130 例个体中只有 12 例是未成年个体,这一数字如实地反映了未成年人的死亡率了吗？很有可能一部分早夭的小孩并未被埋葬进墓地里面。如果把这部分夭折的小孩数据考虑进来,那么,小河墓地人群的平均寿命可能还要更低一些。这样一来,便和其他遗址基本持平了。通过小河墓地各个死亡年龄段的百分比来看,中年期和壮年期的死亡率比较高；能步入老年期,即五六十岁的人,数量十分少。男女两性的死亡分布情况也略有区别。壮年期的女性多一点,中年期的男性多一点,也就是说,女性在更年轻的时候便死亡了,这可能和孕产期对女性的影响、伤害有关,与在产褥期的某些疾病有关。

（四）古病理学研究

我们一共对大约 80 例左右的男女两性个体的骨骼进行了比较全面的鉴定研究,发现了很多有趣的现象。其中一类是牙齿严重磨耗。牙周病、牙结石、牙齿生前脱落、根尖脓肿、齿槽脓肿这类口腔疾病十分常见,几乎所有的现代人的口腔疾病他们都有。

此外,骨关节炎的发病率特别高。我们在 38 例保存有脊椎骨的成年个体中发现,有 92% 的个体都出现了关节退化的情况,而且很严重。现代人如果脊椎发生了关节退行性变化,也就是长骨刺,一般要在 40 岁以上,年轻人很少会得这种疾病。但是,小河墓地的先民们,他们的平均寿命不过 30 岁左右,这些人中 92% 的个体都出现了这种疾病,说明他们当时的生活条件非常艰辛。

另外,在小河墓地里还出现了一个女性个体,在 40—45 岁之间,颅骨上有一个环钻手术的迹象（见图 8）。该颅骨上有一直径大概在 6 厘米左右的圆

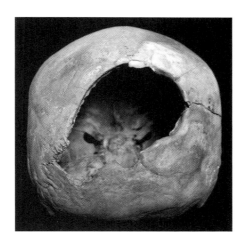

图 8　头颅开孔

洞,边缘已有明显的愈合痕迹,应已完全愈合,也就是说该开颅手术是成功的。她在手术实施了以后,又活了相当长的时间,颅部骨骼才能愈合成当前的样子。图 8 的左侧边缘在发掘和样品采集过程中骨片有些破损,因此缺了一块小骨片。整体上看,它是椭圆形的一个洞,洞周边完全愈合了,无疑这是术后愈合多年的结果。我们现在还不清楚产生这种情况的原因,虽然颅骨穿孔在国内外都发现了很多案例。有人认为它是一种医疗行为,比如颅内压增高会导致剧烈头疼,一旦进行手术,打开天窗进行减压,头就不疼了。另外,还有猜测认为是巫术的一种,给萨满巫师的头开个天窗,他就可以沟通天地了。虽然,我们还无法确定开颅的具体原因,但这个现象很有意思,值得探讨。

我们还发现了一些从事特殊职业活动留下的痕迹。我们在小河墓地的这批材料里发现了拇指腕掌关节发炎的现象。第一掌骨和腕关节之间形成严重的关节炎,一般都与该个体长期使用两个拇指进行一种固定的工作有关。例如陶工就会出现这类病变。假如一个陶工做了一辈子陶器,他双手的大拇指长期保持极度外展的姿势,这样就容易得这种关节炎。国外报道的古病理学研究中已有较多类似的例子。这次我们在小河墓地也发现了类似的现象,这很有意思。这次发现一共包括有 4 例个体,她们两侧的拇指腕掌关节均长有严重的骨刺。这 4 例全是女性,年龄都在 30 岁到 50 岁之间,而在小河墓地里发现的所有其他男性腕掌关节没有一例出现这种情况。所以我们认为,这类疾病可能和小河墓地里出现的大量草编篓和家庭手工业有一定关系。当时存在职业的女性编织者。这也说明在家庭生产活动中已经出现了男女分工,女性会从事特定的工作。

最后,小河墓地人群的牙齿磨耗程度特别严重。不光如此,而且还伴随有较多的牙结石沉积。牙齿磨耗严重,可能和食物加工技术落后导致食物颗粒粗糙有关。另外,考虑到环境因素,小河墓地所在的绿洲旁边有大片沙漠,因此,周边环境风沙较大,吃的粮食不够干净,混有沙粒,便会有牙碜的感觉,常年地磨牙,最终导致严重的磨耗。小河墓地人群牙齿磨耗程度之严重、普遍,使得这群才30多岁、40多岁的壮年人几乎都有老年人般磨耗掉的牙齿。此外,他们的牙结石也非常多。牙齿被牙结石包围、牙龈严重萎缩,是牙周病的一种体征。在小河墓地中,这种牙周病的发病率几乎是百分之百,发病人群包括十分年轻的青少年个体,而且情况严重,他们的牙齿上长了很多的结石。我们怀疑,这种严重的牙结石形成有两方面的原因:一是食物因素。小河墓地先民可能食用大量的牛奶制品、富含蛋白质的肉类、小麦等碳水化合物的植物(有小麦的种子发现),再加上碱性的口腔环境共同作用,便造成了牙结石的沉积。二是环境因素。我们调查了附近的水源环境,发现孔雀河中下游河水的pH值常年是弱碱性,而河水的硬度——钙镁离子的含量——也很高。在1月份及7、8月份,孔雀河的水都是微硬水,但在5月和11月河水属于硬水,在4月和12月是极硬水。在这种钙镁离子含量比较多的水质影响下,也会导致比较严重的牙结石出现。

以上就是我对小河墓地人类学研究的简单介绍,谢谢大家。

生业研究的进展与思考
——以中原地区为例

袁 靖　复旦大学科技考古研究院

按照历史唯物主义的基本观点,生产力决定生产关系,经济基础决定上层建筑,生产力的发展是推动人类社会进步的根本动力。依据遗址出土的动植物遗存进行包括当时的家畜饲养业在内的生业经济的研究,探讨当时的主要生产力状况,是认识中华文明早期发展及其动因的不可或缺的重要内容。

这里主要以河南省灵宝西坡、禹州瓦店、登封王城岗、郑州新砦和偃师二里头等五个典型遗址为例进行论述。这些遗址均经过系统的动植物考古研究,即采用浮选法采集植物遗存,通过显微镜观察,鉴定农作物种属和统计数量,推测当时的农作物种植方式;通过对发掘出土的动物遗存进行鉴定及统计,有些还应用稳定同位素分析及DNA分析,认识各种家养动物的数量和谱系,推测当时的饲养方法等。此外,还收集了一些相关遗址的动植物遗存研究结果,在此基础上探讨中原地区生业形态的发展变化过程,为认识当时的社会变化原因和特征提供有价值的启示。

这里主要讨论三个问题。

一、中原地区生业的发展是中华文明形成和发展的重要因素

通过对以上五个遗址及其他相关遗址不同文化期的生业状况进行比较,可以明显地看到自仰韶文化庙底沟类型到王湾三期文化的生业状况产生明显变化,而从王湾三期文化到二里头文化呈现持续发展的过程。揭示这个过

程对于我们认识中华文明的形成和发展具有重要的启示作用。

属于仰韶文化庙底沟类型的公元前 3600 年前的西坡遗址的农作物主要是粟和黍,水稻的数量极少,不能肯定是在当地种植还是传入的,家养动物主要为猪和狗,以猪为主,喂养猪的饲料可能为小米的壳和秸秆等。

渑池县班村遗址庙底沟二期文化层的年代为公元前 2900—前 2400 年左右,其出土的农作物和家养动物与西坡遗址相似,在一定程度上弥补了中原地区自仰韶文化到龙山文化过渡阶段生业状况的空白。

属于王湾三期文化的公元前 2200—前 1900 年左右的瓦店遗址、王城岗遗址和新砦遗址的王湾三期文化层中,农作物除粟、黍和水稻外,新增加了小麦和大豆,尽管小麦的数量极少,不能肯定是在当地种植还是传入的,但是瓦店遗址水稻的数量明显增多。家养动物中除狗、猪及始终以猪为主之外,新增加了黄牛和绵羊,在瓦店遗址中这两种动物从早到晚都有增多的趋势。除王城岗遗址王湾三期文化的黄牛和绵羊没有开展碳氮稳定同位素分析以外,其他两个遗址的分析结果显示,喂养狗、猪的方式与西坡遗址的相似,但是黄牛的饲料主要来自人工喂养小米的壳和秸秆等,而绵羊则主要食草,同时也食用人工喂养的小米的壳和秸秆等。

属于新砦文化的公元前 1850—前 1750 年的新砦遗址中,粟、黍、稻谷、小麦和大豆等五种农作物及狗、猪、黄牛、绵羊等四种家养动物都与王湾三期文化相同,但是黄牛的饲料完全为小米的壳和秸秆等,绵羊也较多地食用人工喂养的小米的壳和秸秆等。饲养绵羊除食肉之外,还可能用于剪羊毛、进行次级产品的开发。

属于二里头文化的公元前 1750—前 1500 年的二里头遗址、王城岗遗址的二里头文化层和新砦遗址二里头文化层里,粟、黍、稻谷、小麦和大豆等五种农作物及狗、猪、黄牛、绵羊等四种家养动物都与新砦文化相同,但是水稻的比例较高,各种家养动物的饲料与新砦文化大体一致。王城岗遗址的二里头文化层和新砦遗址二里头文化层出土的黄牛和绵羊的数量都出现增多的趋势,二里头遗址四期也发现了剪羊毛、进行次级产品开发的证据。二里头遗址的家养动物的饲料与新砦遗址的基本相似。古 DNA 的分析结果显示其黄牛和绵羊的祖先是从中国境外传入的。

另外,属于仰韶文化庙底沟类型的郑州市西山、洛阳市妯娌和渑池县笃忠遗址、属于王湾三期文化的新密市古城寨遗址和属于二里头文化的登封市南洼遗址的动植物考古研究结果,也在不同程度上印证了我们对不同文化阶段的生业状况的认识。

包括古 DNA 测试在内的研究表明,至少在公元前 2200 年之前,起源于西亚地区的小麦、绵羊、黄牛等均已经过中国西北或北部地区,进入中原地区。即中原地区从仰韶文化到王湾三期文化,生业状况存在一个明显的突变过程,新出现了大豆、小麦、黄牛、绵羊等新的生产力要素。这些新的生产力要素进入中原地区是一个划时代的进步。这些新的生产力要素在后来的新砦文化和二里头文化中又得到持续的发展。这里要强调的是这些新的生产力要素不仅仅是指新的农作物和家养动物的种类,还包括新的农作物种植技术和新的家畜饲养技术,这些技术可以重复使用,有效地利用可耕种土地及自然植被,提高有限区域内的农业生产总量,稳定地获取多种肉食来源。民以食为天,充足的食物资源为人口增长和社会发展奠定了坚实的物质基础。

从整体上看,中原地区在生业方面一直呈现发展的趋势。依据中原地区整个生业形态的发展趋势及中华文明形成和发展于中原地区的事实,我们可以推测中原地区的生业形态对中华文明的形成及发展起到了明显的促进作用。当然,生业的发展并不是中华文明形成和发展的唯一因素,但绝对是不可或缺的重要原因。

二、中原地区的生业状况与上层建筑存在互动关系

中原地区多个遗址生业状况的相同性为特定聚落在一定地域范围内成为中心聚落乃至于更高规格的中心奠定了经济基础,而领导集团及领导者的执政能力在中心聚落乃至于更高规格的中心的形成过程中发挥了重要作用。

前文提到,分别属于仰韶文化庙底沟类型、大河村类型、王湾三期文化和二里头文化的遗址数量相当多。比如在中原地区经过科学发掘的王湾三期文化的遗址有三十余处,其人工遗迹和遗物的文化面貌有明显的一致性,因为没有同时开展动植物考古研究,围绕探讨生业问题的证据有一定的局限。但是在这些有限的证据里,仍然可以发现一个值得认真关注的现象,即前面提到的西山、妯娌、笃忠、班村、古城寨和南洼等遗址的生业研究结果与西坡、

瓦店、王城岗、新砦和二里头等遗址的生业研究结果存在较为明显的一致性，没有发现一例反证。由此我推测与上述的人工遗迹和遗物的文化面貌具有明显的一致性相同，当时中原地区整体的生业状况也是比较一致的，在仰韶文化庙底沟类型和庙底沟二期文化时期农作物以粟为主，家养动物以猪为主，自王湾三期文化开始，新的生产力要素进入中原地区，农作物和家养动物的种类增多，这种状况到二里头文化及以后的时期一直呈持续发展的趋势。另外，在王城岗遗址、古城寨遗址、新砦遗址等都存在几个文化时期的堆积，这几个遗址都表现出一个特点，就是尽管其生业状况在几个文化时期都保持一致性、呈持续发展的状态，但是这些遗址仅在某一特定时期成为中原地区一定区域内的主要代表，即尽管存在几个时期，尽管生业状况保持稳定且持续发展的态势，但是真正成为当时中心聚落的仅是其中的某一个时期。

自龙山文化至二里头文化，属于不同时期的多个遗址的生业状况是稳定且持续发展的。这是一个极为重要的前提，在此基础上，哪个遗址在一定时期内能够成为一定区域内的中心，肯定还涉及一系列其他方面的原因，比如战争及外部压力的原因、地势地貌水文等自然环境的原因等。我认为除以上提到的几点之外，还有一个不容忽视的原因，即很可能与特定时期某个遗址的领导集团或领导者的执政能力有密切的关系。在生业状况相同的前提下，聚落群中出现以哪个聚落为主的政治中心是因领导集团或领导者的执政能力强弱而异的。依据考古学和环境考古学的相关研究成果，我推测这个执政能力除保证生业稳定发展之外，还包括管理社会、统领更多聚落、壮大军事实力、抵御水患等自然灾害、处理对外交往，甚至还包括建设精神文化等。这些能力可能不需要在任何时候都全面展现出来，但是在经济、政治、军事、文化等方面的某些矛盾特别尖锐的时候，则需要充分发挥相对应的某些能力。一旦应对不力，最为严重的后果便是导致政治中心转移或聚落消亡。在这一认识的基础上，我们可以提出以下的观点：中原地区不同时期政治中心的转换，是在生业状况具有相同水准的地域范围内完成的。在肯定经济基础决定上层建筑的前提下，还必须高度重视上层建筑在稳定且持续发展的经济状况中的重要作用，即特定的领导集团或领导者的执政能力不但可以保证生业的稳定发展，而且可以从整体上或特定的方面提升聚落及聚落群的综合实力，从而左右当时特定区域内的政治格局。而二里头这个"最早的中国"的诞生，与统治阶级的执政能力更是有着密不可分的关系,他们在控制远距离的资源调配、促进农业和手工业的发展、设计宫城布局、制定与礼制相关的内容、指挥战争等方面都发挥了重要的作用。

另外,瓦店遗址和王城岗遗址、古城寨遗址、新砦遗址等属于王湾三期的文化层里都发现了多种农作物及黄牛和绵羊遗存,以新的生产力要素出现为标志的这种突变出现在属于王湾三期文化的多个处于不同地域的遗址之中,似乎反映出这些新的生产力要素存在一个较快的推广过程。这个现象背后,是否意味着有某种人为的有意识的推动,而能够在这种较大区域范围内形成推动力,是否意味着当时在一个相当广泛的范围内存在统一的管理组织。虽然仅凭现有的几个遗址的这些资料,我们还不能做出科学的判断,但至少是值得我们认真思考的问题。

三、中原地区与其他地区特定时间框架内生业状况的比较研究

与中原地区相比,其他地区各个文化类型的生业状况在公元前2500—前1500年这个时间段里没有发现始终存在持续发展的过程。

对于其他地区同一时间段里各个遗址的生业研究状况远不如中原地区那样全面,把植物考古和动物考古聚焦到同一遗址的研究实例不多,难以开展全方位的比较研究。但是从宏观上看,黄河上游地区齐家文化的农作物包括粟、黍和小麦,家养动物包括狗、猪、牛和羊。这个地区的生业状态自齐家文化晚期开始,逐步转为畜牧型经济。齐家文化原本统治的地区也被辛店、寺洼等分布在不同地域范围内的几个文化占据。这里要强调的是,即便在齐家文化时期,不同地域的遗址中获取肉食资源的方式也明显不同,有的仍然以获取野生动物为主,虽然研究结果尚未正式发表,这里不宜展开讨论,但当时齐家文化在生业状况上的不一致性是可以认定的。黄河下游地区龙山文化的农作物包括粟、黍、稻谷、大豆和小麦,家养动物包括狗、猪、牛和羊。自山东龙山文化以后,后起的岳石文化与前者相比整体上呈现出文化衰落的景象。长江流域只见稻谷,没有发现其他农作物。家养动物为狗和猪,但是家畜饲养长期没有发展起来,获取肉食资源基本上以渔猎为主。长江中游地区自石家河文化之后,出现一段时间的文化空白。长江下游地区自良渚文化之

后,马桥文化在整体水平上不如良渚文化。概括起来说,在公元前 2000 年以来这个时间段里,其他地区的生业形态有的出现转型,有些呈倒退的趋势,有的出现中断,都没有像中原地区那样呈现出一脉相承的持续发展的过程。中原地区与其他地区在生业状况上的明显差异及其他地区在文化发展上存在的分裂、中断和倒退等现象应该引起我们的高度重视,需要在今后的研究中对其关联性的主次关系进行深入探讨。

概括起来说,以中原地区的五个典型遗址的生业状况为例,补充其他相关材料,可归纳出以下观点:中原地区的生业状况呈持续发展的过程,新的生产力要素至少在公元前 2200 年之前已经进入中原地区,这个过程及变化在中华文明早期发展过程中发挥了重要的作用。中原地区的生业状态在相当长的时间内具有一致性,在具有相同的生业状态的区域内,其政治中心的转换与领导集团或领导者的执政能力有密切的关系。尽管对其他地区的相关研究与中原地区相比尚不到位,但是依据现有的资料,生业状况缺乏连续性是其他地区发展过程中的共同特征,而这个共同的特征与其他地区在文化发展上的分裂、中断、倒退等现象是相互关联的。这些对于我们全面理解生业状况在社会发展过程中的作用是一个有益的启示。

冶金考古的研究进展与思考
——以矿冶遗址研究为例

李延祥　北京科技大学冶金考古国家文物局重点科研基地

我主要阐述对中国四个地区先秦时期青铜技术状况的探索。这个探索开始于2001—2002年,鉴于以往的冶金考古研究主要是对青铜器进行金相分析,往往要在样品上钻孔或切割,属于有损检测,因此,获取资料的局限性较大。所以我们在认真思考如何从新的角度开展研究的基础上,经过整体策划,决定对四个地区开展冶金考古区域性调查。

这个研究由柯俊院士指定我负责,我是学习有色冶金专业的,我们团队的主要成员有北京大学考古文博学院的陈建立教授与多位地方考古机构的负责人,以及各个地县的同行。现在,这个探讨已经取得了阶段性成果。这里分为两个方面汇报,首先阐述调查结果,然后进行归纳和总结。

一、调查结果

四个地区分别是:辽西地区,以赤峰为中心;中原地区,以晋南为主;西北地区,以黑水河流域为中心;长江中下游地区,从安徽省铜陵市一直到湖北省大冶市。时代基本上限定在战国之前。经过考古人员多年的文物普查,上述地区的考古学年代框架基本上是清楚的。我们的调查就是依照当年文物普查的结果,一个点一个点地排查是否存在与冶金考古相关的遗迹或遗物,扎扎实实地开展工作。我们现在已经确认了100余处春秋时代之前与冶金考古相关的遗址。以下按照由北向南、自东到西的顺序分别阐述。

（一）辽西地区

从大的区划上看，辽西位于东北地区，这是我们最早开展冶金考古调查的区域。这个区域的文化谱系比较清楚，在青铜时代有夏家店下层文化和夏家店上层文化，以距今 3 000 年为界，3 000 年前是属于青铜时代早期的夏家店下层文化，3 000 年以后是青铜时代晚期的夏家店上层文化，两者之间有很大的差别。

夏家店下层文化有一个重要的遗址是内蒙古自治区赤峰市大甸子墓地，此地发现 800 多座墓葬，出土 60 余件青铜器、金器和铅器，其中一位老年女性的 10 个手指上戴了 11 个铜戒指。这批铜器的制作工艺有锻打，也有铸造，所有的耳环全是锻打的，所有的指环全是铸造的。那里发现铜锡二元合金，这给我们一个启示，当时有铜的来源，也有锡的来源。

我们首先找炼铜遗址，最先找到的是辽宁省凌源市牛河梁遗址。当年发掘牛河梁遗址的时候，就发现两处炼铜遗址。发掘者以为是属于红山文化的。红山文化有女神庙、积石冢、祭祀坛等，是一处令人震撼的遗址，如果当时确实存在炼铜技术，其意义非同一般。我们在这个遗址取了一批样品，在上海市博物馆、北京大学考古文博学院做了不少年代测试工作，先测热释光，后来又测碳十四年代，最终结果是此处炼铜遗址不属于红山文化，而是属于夏家店下层文化偏早的阶段。我与吉林大学边疆考古研究中心的王立新老师在属于牛河梁遗址的范围内进行了广泛的调查，到现在为止，共确认 15 处炼铜遗址，遗迹包括地层、灰坑等。当时炼的都是红铜，年代属于夏家店下层文化早期阶段。冶炼使用的炉具形状十分典型，呈一头大、一头小的桶状型，带两排孔。其与古埃及金字塔的壁画里所表现的炼铜炉有些相似，但是古埃及的似乎省略了鼓风孔，类似的器物在希腊、泰国等地都发现过。我们调查的这些炼铜遗址在分布上有一个特点，即位于大山之前、小山之上，说明当时在布局上是有一定考虑的。牛河梁遗址是炼铜的，但是除了一件纯铜的指环之外，没有发现什么铜器。

我们在内蒙古自治区翁牛特旗尖山子发现一处炼铜遗址，地面有陶片、炉渣、矿石等，炼的是铜、铅、锌共生矿，当时的冶炼水平很低，炼不出锌，只能炼纯铜，通过对炉渣里的碳样进行碳十四年代测定，约为距今 3 300 年到 3 100

年,属于辽西地区青铜时代早期偏晚的阶段。

我们在内蒙古自治区克什克腾旗找到了炼锡的遗址。这个遗址位于一条小河边上,地面暴露出陶片、矿石、炉渣、兽骨等。陶片与魏营子文化的陶片相近,属于辽西地区青铜时代早期。这个遗址发现的炼炉的残壁跟牛河梁遗址上发现的炼铜的炉子一样,带孔。通过无损检测,证明这里冶炼的是纯锡,年代为距今3 300年左右。

我们还发掘了内蒙古自治区克什克腾旗喜鹊沟遗址(图1),这个遗址属于广义的夏家店下层文化,遗址中出土的最主要的遗物是碾盘,发现好几十块,碾盘的形状为圆形,是用来碾碎矿石、从里边提取锡矿砂用的。这个遗址出土了大量的兽骨,包括数千片鱼鳞等。图2是在这个遗址发现的采矿用的石器。

图1　内蒙古赤峰克什克腾旗喜鹊沟锡多金属采矿遗址

图2　内蒙古赤峰克什克腾旗喜鹊沟锡多金属矿采矿石器

位于克什克腾旗黄岗梁铁锡矿区的一处古锡矿,比喜鹊沟遗址大十来倍,年代为距今3 300—3 200年左右。在克什克腾旗西边的锡林郭勒盟还发现三处古锡矿遗址,因为还没有发掘,年代尚不清楚。锡林郭勒盟的石灰窑遗址十分有意思,这是一处锡—稀有金属共生矿,这处遗址不含铜与砷,古代开采这个矿只能是为了获取其中的锡,因为当时还不能利用稀有金属。

距离中原地区最近的一个锡矿遗址是锡林郭勒盟太仆寺旗的千斤沟遗址,位于河北省沽源县边上,距张家口市160公里,距北京市200公里,此地发现大量的采矿石器,但是年代尚不清楚。大兴安岭南边是中国北方地区最大的锡矿,有200多处矿床,具体情况尚有待调查。

辽西地区青铜时代晚期主要是夏家店上层文化。该文化包括类似草原类型的许多青铜器。20世纪70年代,在内蒙古自治区赤峰市林西县发现了属于夏家店上层文化的大井古铜矿,由辽宁省博物馆进行过发掘,发现大量采矿的石器和冶炼遗物。后来我对这座古铜矿的矿石、炉渣进行检测,发现大井铜矿不是单纯的铜矿,而是铜、铅、锡、砷共生矿,古人直接冶炼就可获得含锡砷铅的合金。大井古铜矿上的采矿规模巨大,其产量约为4 000吨青铜,但是矿山上的冶炼规模很小,与采矿规模完全不相符合,当时必定有大量的矿石运往矿山之外的其他地点冶炼。当时究竟有多少个冶炼地点、是一个大的还是许多小的,直接关乎夏家店上层文化的社会发展水平。我们围绕这个问题寻找了十多年,考察了赤峰地区数百处遗址,结果发现15处大井古铜矿之外的冶炼遗址。通过分析检测,特别是铅同位素示踪方法,判定其中有12处冶炼遗址是冶炼大井古铜矿输出的矿石。另外有3处不是冶炼大井古铜矿的矿石,它们的文化属性可能不是严格意义上的夏家店上层文化,而比夏家店上层文化年代要晚。其中有一处是敖汉旗的周家店遗址,其使用的矿石含钼高一些,年代为距今2 300—2 200年,可能属于井沟子文化或类型,但也是使用共生矿直接冶炼合金。我们这个工作可以对广义的夏家店上层文化进行区分,为将年代稍晚的遗址划分为新的考古学文化提供矿石检测的重要证据。

(二)中原地区

这一地区有中条山大铜矿、山西省夏县东下冯遗址与垣曲县商城遗址,这两个遗址包含有二里头、二里岗文化的遗存,其中都发现铸铜遗址,还发现有铜器。我们在中条山发现20余处矿冶遗址,现在正从垣曲向东继续调查,经过王屋山,进入河南省的济源市,因为这个矿带一直延续过来。

参照国家博物馆晋南考古队戴向明团队的先期工作,我们在中条山进行普查主要是观察断崖。这个地区的遗址一般都有断崖,保存着较好的剖面,能够观察地层,好的剖面几乎等同于发掘的结果,可以看到文化层和灰坑。图3是山西省绛县新庄冶炼遗址的剖面。辨别矿石和炉渣需要一定的专业基础,才能进行科学的鉴别。

图3　山西绛县新庄冶炼遗址

图4是山西省绛县西吴壁冶炼遗址出土的炉渣中残存的铜颗粒。这些遗址中还发现了当时采矿用的石锤。有的遗址经过发掘,发现二里头时期和二里岗时期的遗物。发现龙山文化遗物的遗址中出土砷铜,其他遗址发现的都是红铜,没有发现陶范和石范,我们推测这些遗址的功能就是冶炼,冶炼完成之后,铜料都集中到专门的地点进行铸造。

(三)西北地区

我们在河西走廊调查了近80个地点,最终在河西走廊西端的黑水河流域发现了大型冶炼遗址。在甘肃省金塔县的河滩上有4处大型冶炼遗址,在张掖市西城驿有1处大型冶炼遗址,对这个遗址的发掘工作刚刚结束,发现有铜

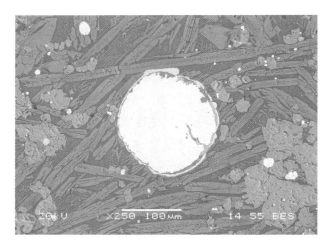

图 4　山西西吴壁冶炼遗址炉渣中残留的铜颗粒

器、矿石、炉渣、石范、鼓风管等。黑水河流域的几个遗址规模都较大,有数百万平方米,地面暴露有很多遗物。现在甘肃省文物考古研究所正在对其中的两个遗址进行发掘。分析检测证明,这里的每个遗址都冶炼砷铜或锡青铜。我们在这两个遗址上直接采到了矿石,这类矿石含锡、铜、铅、砷,同时也找到了纯铜的矿石。

在一处采矿遗址发现了大量采矿石器,还有一些陶片。这个遗址年代偏晚,属于鄀马文化,但与上面提到的那几个年代较早的冶炼遗址的矿源无关。在敦煌"西出阳关无故人"的阳关墩台前,有一条小河叫西土沟,边上有一个大遗址,发现五个冶炼地点,年代和黑水河流域的西城驿等遗址一样,距今3 800—3 700年左右。冶炼的也是砷铜、锡青铜。这个遗址还有很多的铜矿石、绿松石块。图5是西土沟冶炼遗址炉渣中残留的砷铜颗粒。年代较晚的一个冶炼遗址距今2 500年左右,其技术内涵和前面提到的遗址一样,冶炼砷铜、锡青铜。图6是甘肃省金塔县火石梁冶炼遗址含锡多的金属矿石。

（四）长江中下游地区

长江中下游地区的铜铁成矿带拥有巨量的铜矿资源,湖南、江西两省还蕴藏丰富的锡矿,客观上为青铜冶炼技术的发展奠定了物质基础。我的博士

图 5 甘肃敦煌西土沟冶炼遗址炉渣中残留的砷铜颗粒

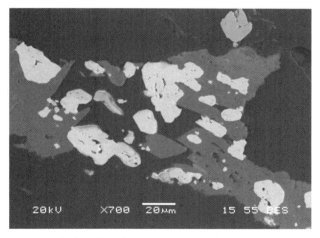

图 6 甘肃金塔县火石梁冶炼遗址的含锡多金属矿石

论文就是研究这一地区的铜绿山、九华山地区的冶炼技术。铜绿山遗址主体的年代是春秋时期以后的,九华山是唐代的,年代较晚,不能为中华文明探源等课题提供论据。参考历年的考古发现和研究,我判断长江中下游地区一定存在一批年代更早的青铜矿冶遗址。

我们在长江中下游地区工作了几年,已经能够提交一批成果。从安徽省铜陵市向上游到湖北省大冶市,我们一共查了 252 个遗址,最终查出有效的冶金遗址 68 处。图 7 是安徽省铜陵市万映山铜矿遗址采集的石锤。图 8 是湖北省大冶市香炉山冶炼遗址采集的炉渣。图9是湖北省大冶市香炉山冶炼遗址炉渣中残留的青铜颗粒。我们现在正在江西、湖南等地开展调查。我们在调查中主要寻找的是春秋时期及春秋时期以前的遗址。通过对多个铜矿遗址的分析检测,发现存在两套合金体系,既炼砷铜,也炼锡青铜,每个遗址都是如此,而且在多个遗址采集到石范、陶范等铸造遗物。这些遗址有一个特点,即小而多,当时似乎是家家户户炼青铜。

图7　安徽铜陵万映山铜矿遗址采集石锤

图8　湖北大冶香炉山冶炼遗址采集炉渣

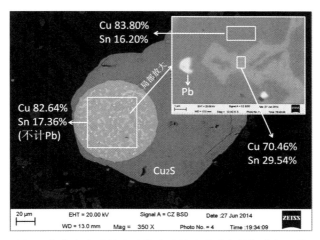

图9 湖北大冶香炉山冶炼遗址炉渣中残留的锡青铜颗粒

二、归纳和总结

我们到现在做的工作可以总结出一些共性的东西。

（一）青铜时代的采矿工具全是石锤，在矿山上找到石锤就等于找到了青铜时代的采矿遗址。石锤一出都是好几十、好几百甚至好几千个。

（二）四个地区在产业结构上有原则性差异。中原地区的制作水平最高，使用铜锡分开的二元物料，还引入铅，出现大型的铸铜机构，先是设置在宫城里，后来发展到设置在诸侯居住的区域内，中原地区属于第一级水平。长江中下游地区也使用二元物料，但冶炼和铸造不分，小遗址也铸造铜器，包括礼器和容器，明显是仿造中原地区的，它属于第二级水平。西北地区也是二元物料，同样冶炼和铸造不分，但没有铸造出礼器和容器，全是草原类型的小型铜器，使用的是石范，它属于第三级水平。辽西地区属于第四级水平，直接找到一个共生矿，炼出的矿料有带锡的、有带砷的，当时调配不好成分比例，炼好了锡多一点，炼差了锡少一点，然后就用石范铸造，铸造的器物数量较多，可以分出不少形状，但个体很小，成分也不稳定，属于质量很差的草原类型青铜器。

总结以上的认识，可以说中原地区从二里头文化开始青铜器制作就是高水平的，实际上一直到春秋时期也是高水平的。长江中下游地区到战国以后，可以纳入中原地区的技术体系，楚国等诸侯国可能统一管理冶金手工业，这时期的冶炼遗址地面上都是炉渣，矿山附近的冶炼机构只能炼铜，长江中下游地区也没有发现战国时期专门的铸铜遗址，所以楚系的青铜器可能都是在诸侯的居住区域内铸造的。西北地区长达 1500 年的时间段里格局没有变化，一直维持着第三级水平。最差的是辽西地区，辽西地区青铜时代早期可能有类似于中原地区的机构，但是还没有找到属于夏家店下层文化的专门的铸铜遗址，辽西地区的冶炼技术越搞越差，属于第四级水平。

以上这些工作没有解释中国冶金技术起源的问题，但是对于揭示中原地区何以成为中心这个问题绝对是有借鉴价值的。当然，我们还有许多工作要做。比如长江中下游地区的状况究竟如何，搞清楚这一问题需要对江西省吴城地区和湖南省宁乡地区这两个青铜器的分布区域进行仔细的考察。我们已经在湖南调查到 30 多处遗址，今后还有许多工作要做。

（三）我从事冶金考古的体会如下：考古是皮，其他是毛，所有科技研究都是在考古的大框架内进行，都是为考古学的目标服务的。复旦大学科技考古研究院要认真办好考古专业，若干年后，逐渐展示自己的特色。从事科技考古的研究人员要认真学习考古，考古的操作性极强，我们要努力学习如何辨认陶片。科技考古研究人员在考古研究中有一个学习、配合、参与、结合、融合的过程，最后可能还会有引领的作用，比如北京科技大学从事冶金考古的研究人员在冶金考古领域中就很好地发挥了引领的作用。

敢问路在何方?
——我国稳定同位素分析的研究简史、现状及思考

胡耀武　中国科学院大学人文学院考古学与人类学系
　　　　中国科学院脊椎动物演化与人类起源重点实验室

感谢袁老师给我这个机会,跟大家一起分享我个人在稳定同位素分析研究上的一些认识和体会!

毋庸置疑,我国在稳定同位素分析研究领域已经得到了很大的发展。但核心问题是我们今后怎么发展,在哪些方面可以得到进一步深化,如何走出自己的独特之路。故此,我将以回顾学术史入手,然后简单讲一下我们主要的研究现状,最后提出自己个人的一些看法。

国际上最早开始稳定同位素分析的是美国的地球化学家。1977 年,《美洲考古》(American Antiquity)发表了一篇文章,主要是通过美洲印第安人人骨的碳同位素分析,揭示了玉米在整个人群食物中占有的比例。我国开展此领域的研究也相对较早。1984 年,中国社会科学院考古研究所的仇士华和蔡莲珍先生就率先在国内通过碳同位素揭示了当时我国若干遗址史前人和动物的食物来源。然而,之后我国在此方面的研究基本处于停滞状态。1998 年是一个非常大的转机。王昌燧先生在《华东师范大学学报》上发表了一篇介绍国际科技考古研究动向的文章,着重阐述了碳、氮稳定同位素分析的一些原理和进展。该年,在中国科技大学召开了全国科技考古学术讨论会。此时,也是我刚刚进入这个领域、开始向各位先生学习的时候。在此次会议上,我有幸认识了仇士华先生、蔡莲珍先生、张雪莲老师和吴小红老师,能够向他们讨教稳定同位素分析的研究方法,开始了我的研究生涯。还需要指出的

是,此次会议首次提到了"生物考古"一词。之后,在 21 世纪初期,仇士华先生、蔡莲珍先生和张雪莲老师在不同的会议上都对碳、氮稳定同位素分析原理和技术进行了介绍。

2002 年,在王昌燧先生和美国的威斯康星大学的道格拉斯·普赖斯(T. Douglas Price)教授的共同指导下,我完成了国内有关古代人类食物分析的首篇博士论文。该年,国内第一篇有关古代人类食物结构的综述性论文由张雪莲老师发表在《人类学学报》上。之后,她又于 2003 年在《考古》上正式发表了我国第一批人骨的碳、氮稳定同位素数据和对先民食物来源的分析讨论。2005 年和 2006 年,美国学者和我分别在《考古科学杂志》(*Journal of Archaeological Science*)上发表了国内若干遗址人骨的碳、氮稳定同位素分析结果,标志着我国的稳定同位素分析开始走向国际。

随着稳定同位素分析方法本身的发展,研究元素的种类已不仅只限于碳、氮。例如,2008 年,在《第四纪研究》上发表了采用锶同位素分析贾湖遗址人类迁移的文章;2009 年,我们对田园洞人的人骨开展了硫同位素的分析;2014 年,我们开展了人骨骨胶原的氢、氧同位素分析。这些年,大家可以看到,我国稳定同位素的发展已经进入了高速发展期。现在,开展稳定同位素分析的高校和研究所大致有吉林大学文学院、辽宁师范大学历史文化旅游学院、中国科学院大学人文学院、中国社会科学院考古研究所、北京大学考古文博学院、南开大学历史学院、山西大学历史文化学院、河南省考古研究院、河南大学历史文化学院、兰州大学西部环境与气候变化研究院、中国科学院地球环境研究所、西北大学文化遗产学院、陕西师范大学西部环境学院、山东大学文化遗产学院、江苏师范大学历史文化与旅游学院、复旦大学文物与博物馆学系、浙江大学人文学院、厦门大学民族学和人类学系、台湾大学人类学系等将近 20 家。这也是稳定同位素分析欣欣向荣的一个标志。

困扰我们开展稳定同位素分析的一个难题就是样品测试。长期以来,同位素的测试都是送至各地方的地学实验室进行,获得数据都非常困难。近年来,随着本身研究条件的改善,2012 年,吴小红老师率先在北京大学购置了专门用于考古样品分析的稳定同位素质谱仪。2014 年,我们(中国科学院大学)也在中国科学院修缮项目支持下购买了一台稳定同位素质谱仪。应该说,专业实验室的设立和运行将彻底改变我国考古学界开展稳定同位素分析和测试的窘境。

如果对我国的稳定同位素分析学术史进行简单梳理，可以认为：1984年到1998年为初创期；1998年到2005年属于初步发展期；2005年，尤其2010年之后属于全面发展期。据我不完全统计，从1984年到现在，大概有120多篇的同位素论文正式发表在国内或国际的刊物上。

在此，我将稳定同位素分析所要探讨的考古学问题进行了初步的总结：

（1）晚更新世人类的生存方式和适应；

（2）我国新石器时代农业发展的轨迹和人群生活方式的多样性；

（3）史前丝绸之路：粟类作物与麦类作物在欧亚大陆的传播及对先民生存方式的影响；

（4）中国历史上游牧民族与农耕民族的冲突和融合；

（5）动物的驯化机制及饲养策略；

（6）先民社会阶层的复杂化；

（7）动物和先民的迁徙活动。

2015年，《考古科学杂志》上发表的文章回顾了整个国际上同位素的研究发展，并探讨了今后的发展方向。以此为契机，我们也不禁要问"敢问路在何方"，如何走出具有中国特色的稳定同位素分析之路？以下是我个人的一些思考。

首先，就稳定同位素分析自身而言，其为介于自然科学和社会科学之间的交叉学科。自身专业素质的提高，对开展稳定同位素分析非常关键，这就是俗称的"打铁还需要自身硬"。就目前我国从事同位素研究人员的素质来说，包括我在内，都没有一个是真正稳定同位素地球化学背景出身的。这造成了在我们分析和诠释稳定同位素数据之时，就可能出现含糊、相悖甚至错误之处。此外，研究人员的研究水平也参差不齐。

要提高大家的自身专业素质，需要大家做到以下几点：

（1）避免自身成为"三无产品"（生物、考古、稳定同位素），全面加强自身在此方面的专业素养。

（2）关注新的同位素研究方法和同位素理论，如H、O同位素和同位素混合模型等。迄今为止，我们做的稳定同位素分析，90%以上都集中在碳、氮上面，其他轻元素同位素分析仍属"凤毛麟角"。尤其是同位素的混合理论和模型,目前在国内生态学界已有相应的应用,但我们仍缺乏相应的认识。

(3)了解研究方法适用的范围,比如骨胶原和羟磷灰石的碳来源等。在2004年吉林大学召开的国内科技考古会议上,我做了羟磷灰石的碳、氧稳定同位素分析报告之后,考古研究所的仇士华先生和北京大学的原思训先生就找到我,指出了羟磷灰石作为研究材料可能存在的问题。迄今为止,我们在此方面的研究仍然较为缺乏。这种现象在国际上亦是如此。这就需要我们进一步夯实我们本身的研究基础,确实了解研究方法的适用范围。

(4)异常值的诠释,如高N稳定同位素值。我们的稳定同位素数据中偶有异常值的出现。通常,大家均对此采取了模糊化处理。其实,我们需要更多专业化的知识对此进行诠释,因为这里可能蕴藏着一些我们无法揭示的信息,需要我们深入考虑。

其次,有了专业基础之后,我们研究的核心是如何具有明确的研究问题,即言之有物。我们要关注,如何通过稳定同位素分析去探讨当前的考古学问题或科学问题(人类学、动物学和植物学等)。要时刻提醒自己研究的亮点、重要性、国际性如何,自己对文献资料和考古资料的掌握是否比较全面。要达到上述目的,我们还需要进一步完善和发展同位素分析本身的方法。此外,要尽量避免在考古界讲同位素,在同位素界中讲考古。我觉得大家一定要关注到这一点,就像蝙蝠,既像鸟类也像兽类。换句话说,大家在科学(同位素)上要强调科学问题,在考古学中要重点探讨考古问题。大家根据自身的研究程度和知识背景,更好地决定自身知识体系的构建。

再次,稳定同位素最核心的问题,或者说科技考古中一个被诟病的问题,就是:大家总认为稳定同位素分析是一种技术的应用。这种情况的发生主要是我们缺乏基础理论本身的建设所致。对于我们而言,这个核心问题即为"透物见人",重建人与动物和植物同行的历史。

要达此目标,须在以下几点多开展工作:

(1)建立符合中国饮食习惯的稳定同位素分析理论。目前,国际上所有同位素的理论,都是来自西方的动物饲喂实验。大家都知道,东西方的饮食习惯是完全不同的。怎么构建一个符合中国饮食习惯的同位素分析理论、揭示其中的同位素分馏效应,是今后大家一定要关心的问题。许多年之前,在我开始做稳定同位素分析研究时,王昌燧先生就给我指出了这个问题。可是迄今为止，大家并没有意识到这个关键问题。今后应该引起足够的重视，才能进一步推动我们学科的发展。

（2）不同种类的植物和动物对人类文化和社会发展的重要影响。前面袁老师已经谈到了不同种类的植物和动物对人类和社会发展的重要性。对于我们而言，我们更应该从食物结构分析的角度，探讨它们对人类文化和社会发展究竟发挥了怎样的作用。

（3）人类的营养、健康以及疾病。稳定同位素分析中出现的特殊值，通常受到人群的营养、健康和疾病所影响。目前，此领域已是国际上非常重要的研究前沿，希望我们今后也能有所建树。

（4）人类行为的演化轨迹。在长期的人类社会发展过程中，人类的行为怎样演化、人的行为和文化的发展关系究竟如何，我觉得，我们都要进一步有所关注，了解食物来源的改变对上述问题的探讨有何重要作用。

（5）三位一体（形态、DNA、稳定同位素）。无论是形态（人类体质、植物、动物）还是 DNA（现代和古代 DNA），均属生物的自然属性或生物属性，而对于稳定同位素分析反映的食物来源，则属生物的文化属性。那么，三者更好地结合在一起，形成三位一体，就可望实现生物（人、动物和植物）文化属性和自然属性的结合，更好地去了解和探讨不同时间范围内人群和植物、动物间的关系。

（6）群体走向个体。目前，我们（包括国际同行）开展的同位素分析主要集中在群体层面。然而，今后我们更要关注个体。我们不仅仅要知道群体中所有的人的生活方式，更需要了解其中每一个人的生活及其生活史。个体层面上的生活史重建，才能讲出更具中国特色、更有魅力的考古故事。

谢谢大家！

总　　结

王　巍　中国社会科学院考古研究所

我在这里围绕各位的讲演谈四点认识。

首先,对复旦大学科技考古研究院的建立表示祝贺。我觉得这个研究院的建立会在中国考古学的发展史上留下浓重的一笔。因为现在大家都知道,衡量一个国家的考古学研究水平,自然科学技术方法等各种方法应用的程度、应用的深度和广度、有机结合的程度是一个重要标志。我们国家进入新世纪以来,考古学取得了巨大的发展,除了一系列的重要发现之外,我们的研究方法、研究手段、研究理念也有了很大的进步,包括我们所说的科技考古。我在2000年发表的一篇小文中提到中国考古学发展的方向,概括为"科学化、国际化和大众化",科学化是放在第一位的。科学化的意思就是说自然科学技术手段要更加广泛、有机地应用到考古学研究之中,其中包括以田野考古为主要工作内容的考古学家本身的科学素质的提高。

第二,从事科技考古的人员要更主动地深入到田野考古的一线,这两者要有机地结合,改变原来那种来料加工——凡是送来标本,得出数据后,考古学家认为行就采用,不行就束之高阁这样一种情况。我觉得中华文明探源工程就是一个很成功的范例,各个方面的专家跟田野考古学家一起在现场研讨、设计方案。我觉得应该说在这个方面复旦大学有很好的条件。我看了刚刚发布的建设"双一流"大学的规划中,复旦大学有将近20个学科,其中物理学、化学、材料学、环境生态等都是在一流学科的范围内,应该说存在与考古学有非常广泛的结合的可能性。尤其是金力院士主持的生物考古、遗传学方面,应该说在国内形成了领先的优势。所以,我想科技考古研究院有了袁靖教授加盟,复旦大学一定能够在以前的考古学、文博学的优势基础上,建立一个科技考古的高地。

第三,对科技考古人才的培养,我也希望从考古学家的角度提一点想法。我认为从事科技考古的人员一定要了解考古,一定要在了解考古的基础上从事科技考古的研究。我们考古研究所从事科技考古的两位主将袁靖教授和赵志军教授都是考古出身,他们所从事的科技考古和考古结合得非常紧密。什么叫紧密？我们有一句话叫"透物见人",你要研究出土文物一定是要解决人们当时的生活和行为,一定要了解文物出土的状态、出土的背景、社会的背景,这样你的研究才能更有意义。另外,我觉得考古学家应该在任何科技考古的研究当中担任主角,或者像一个导演,确定需要用哪些手段来结合,找出最令人可信的那个学科的领军人物来做结合,一定要能够说明当时人们生活的某一个方面。所以在考古资料的阐释方面,田野考古学家和科技考古学家必须有机地结合。因为提出的一些数据本身不能直接说明问题,需要考古学家利用他们的知识、他们了解的背景与从事科技考古研究的人员一起来阐释人的活动、人们之间的关系。所以在这个方面,我希望复旦大学在考古教学方面有所作为,虽然你们是博物馆学专业,但是我希望你们能够参加考古实习,而且我认为要想做好博物馆的展陈工作,懂考古和不懂考古也大不一样。所以我希望以科技考古研究院的建立为契机,我们复旦大学的文博专业在考古学的教学实习方面能够有一个实质的进步。另外我们考古学会也正在积极地建议成立考古教育的专业委员会,我们希望届时复旦大学能够有一个自己的位置,因为你们以前有文博专业,现在又有科技考古了。我现在是委托杭侃教授领衔在做。现在已经有50所左右的大学有考古或者文博专业了,但说实话,良莠不齐,差距甚大,有些大概有几十年的差距。我们要怎么样才能发展各个学科优势,在原来"985"大学优势的基础上,把那些非"985"、非"211"的省级与地方大学的考古文博方面的教育提升起来？我们希望北大、复旦这些在综合大学当中,我认为可以居于前三甲的大学,在科技考古乃至考古文博人才的培养方面能够发挥自己的作用。

第四,我觉得这个主题设置很好,"考古学需要什么样的科技考古",良渚和广富林是两个很好的例证,我觉得各个学科都可以从中获益。就是说考古学的有机结合要依赖田野考古和各个从事科技考古的学者。此外,我们现在也要走向世界。我在今年的《考古》第 9 期上将发表一篇文章,回顾我们考古学国际化的历程。现在大约有十几个国家有中国考古学者或者文化遗产保护学者的身影了,我们希望在这个方面复旦大学也能够发挥积极的作用,在中国考古的科学化、国际化和大众化方面发挥复旦大学应有的作用。

圆 桌 讨 论

　　编者按： 在科技考古研究院成立大会暨学术研讨会的圆桌讨论上，与会代表围绕如何开展科技考古研究展开热烈讨论，这里全文刊登各位的发言内容，需要指出的是，有四位人员因故没有在圆桌讨论上发言，但是他们在会后都提交了自己的认识，这里一并刊出，以飨读者。

中国科技考古展望

主持人： 陈淳（复旦大学文物与博物馆学系）

陈　淳： 我们将围绕如何深入推进科技考古展开讨论，希望大家为复旦大学科技考古研究院出谋划策，也为中国考古学今后的走向集思广益，针对科技考古达成一部分共识。那么，我先抛砖引玉，讲讲我自己的体会。

首先，让我们回顾一下考古学在欧美的发展。纵观考古学的发展，上世纪60年代是考古学的变革时期。在此之前，欧美学界已经用文化历史考古学的范式建立起考古学文化的年代学框架。一旦"时空"框架确立，欧美考古学家便开始考虑更深层次的问题："为何"和"如何"的问题。换言之，考古学家要透过"物"来了解社会，了解人类文化的变迁。因此，当时美国的过程考古学提出了一个响亮的口号，叫作更加"人类学化"和更加"科学化"。所谓的"人类学化"指的是要透物见"人"，要通过解析"物"来了解"物"背后的人类的活动和行为。"科学化"，指的就是要借用各种科技手段来全方位提炼信息，以重建人类社会发展的历史。

今天，中国的考古学也处于这样一个突飞猛进的变革时代。更加"人类学化"和更加"科学化"这一理念也正逐渐被国内学界所认可。因此，科技手段已成为田野和室内工作中的常规操作。例如，浮选方法在诸多动植物研究、环境重建和重大战略性问题研究（包括农业起源、文明起源等）中都被普遍运用。面对这一转型的现状，我们尤其需要深入思考更高层次的问题。在把科技手段全面引入考古工作的同时，以下这些步骤也需要迫切跟上。

第一，材料的整合是当代考古学的重要任务。考古材料有两种，各自所能提供的信息也完全不同。一是显性材料中的信息，例如石器、陶器、瓷器、青铜器以及动植物这些直观遗存所能提供的信息。二是隐性材料能够提供的信息，这需要借助自然科学手段加以提炼，比如木炭的测年、骨骼中的DNA、微量元素以及同位素等。当代考古学面临的任务，就是从这些显性和隐性的材料中全方位地提炼信息。然后，在此基础上把这些信息整合起来，以便重建考古遗址和出土遗存的生态环境、技术经济乃至社会政治的背景。对出土某些材料的孤立分析虽然能够提供局部信息，但是能够说明的问题和对历史重建的贡献十分有限。面对一个遗址或者一个研究课题，要解决的问题涉及方方面面，从栖息环境、日常生活到社会结构甚至到意识形态，因此，一个遗址和一个项目需要分析研究出土的各种各样的有机和无机材料，这些不同材料在分析之后需要将不同和不成系统的信息整合起来，并运用逻辑推理的过程来做出全面的阐释和历史的重建。这种"整合"之前的信息并提炼的过程要求各个科技领域的专家参与。在科技考古发展的早期，科研人员的作用主要是辅助性的，仅对出土材料进行鉴定和测试。现在的科技考古要求科技专家也作为考古团队的一员参与到课题设计和探究之中，与考古学家一起提出问题、制定策略，通过合力把所有材料的分析结果整合到一个框架之中，以达到项目设计所期望的阐释结果和研究目的。

第二，有关材料的解释问题。考古材料是碎片化的，而且材料本身并不能告诉我们真相，需要我们分析解读，而解读材料的主要目的是要重建历史。根据国际考古学泰斗伦福儒的见解，"解释"的意思就是要把事情讲清楚，而加拿大考古学家特里格说，"解释"就是指历史重建。考古学的最终目的，是把这些材料转化为能够让广大公众理解，以及能让其他领域专家利用和参考的知识。我们现有的科技考古手段、分析方法和细致程度已经基本能够达到国际水平，对外交流也很频繁，不少成果已在国际重要刊物上发表，并能和他国学者平等对话。但是，这种孤立和零碎的成果离材料的信息整合和历史重建尚有距离，科技考古的工作还需更上一层楼。这就需要不同专业之间的协作和整合，对考古材料和各种信息做出解释，转变成大家能够读懂的历史。这就是我认为的第二个主要突破点。

第三，关于科技考古研究院今后的目标，首先是任何研究都要有问题意识。问题意识要和发掘齐头并进，以问题指导发掘和分析，始终思考发掘该遗址有什么样的潜质，可以解决何种迄今不知道的问题，能为我们了解这段时空的历史提供怎样的信息。有了问题导向，研究者才能在动土之前的研究设计时就严谨地制定好每个工作步骤，不会在挖掘过程中错过和遗漏任何重要材料。比如，发掘过程中注意尽量提取每个文化层里所有含有特殊信息的人工制品和生态遗物，以便进行定性和定量分析。通过遗址各层材料和信息的提取和比较，我们不但能了解每个层位的人地关系和文化特点，还能了解整个遗址早晚历时的文化变迁过程（包括人类生活方式、气候环境以及其他因素对文化兴衰的影响）。同样，这种研究也能深入了解某遗址居民的社会结构、技术发展水平甚至意识形态方面的情况，这能使我们的研究成果不再是提供一本出土材料罗列的发掘报告，而且也把整个遗址或文化的发展历史讲清楚。也就是说，自然科学提供的是研究手段；如果要突破，一定是我们想法的创新。因此要有好的问题意识，要不断更新我们的思维方式。过去我们强调重大考古发现的意义，但重大发现毕竟有限，而且会越挖越少，只有在研究问题上的突破才是无止境的，才是这门学科持续发展的正道。在有限的发掘中，能有好的问题指导，并在采样过程中做得足够细致，我们便能完成好的课题，争取重大突破，努力与世界一流水平比肩。

总而言之，以前的考古学处于材料积累的阶段，成果以发掘报告为主。现在，我们的科技考古应该把考古学从材料积累推向更高的层次，努力把这些材料转变成讲述中华文明的发展史，或者从史前一直到历史时期我国古代社会文化发展过程的历史知识。正如一位科学哲学家所言，一堆石头不是一栋房子，正如一堆材料不是一门学科。我们科技考古的愿景就是要把考古材料积累转向材料的信息提炼和整合，从而重建一座座宏大的"历史建筑"。这需要我们突破学科发展的瓶颈，考古学家的主要任务应该从碎片化的材料积累转向科学阐释和历史重建的工作。希望科技考古研究院今后的工作要在此基础上利用学科交叉，逐渐消化现有的材料，并在新的发掘中尝试全新的发掘采样程序，不断提出和解决新的问题，并努力将大部分材料转化为"历史"。这个"历史"未必是历史文献意义上的那种历史，而是我们从这门学科的特殊材料出发，重建史前人类生存和社会文化发展以及整个中华文明发展过程的历史。

下面有请各位专家教授为这个学科的发展献计献策。首先有请李伯谦先生。

李伯谦（北京大学考古文博学院）：首先，祝贺复旦大学科技考古研究院的成立。这是我们中国考古学界划时代的大事。现在或许还看不到研究院的重要性，我相信，若干年后，它一定会成为大家反复提起的一件大事情。为什么呢？

首先，让我们回忆一下什么是考古学。考古学究竟是什么？这是一个从来没有明确定义的问题。过去，我们认为，考古学是历史科学的组成部分。和文献史学不同，考古学依靠的材料是发掘出的遗迹遗物。这一点当然没有错，但除了以出土的遗迹、遗存、遗物来研究人类的历史之外，难道考古学就没有其他的东西了吗？显然不是。要研究人类社会的发展规律，单纯靠传统考古学的方法——地层学显然是不够的。

考古学是综合人文和科技手段、方法研究古代人类遗留下来的遗迹、遗物，研究古代社会及其发展规律的科学，把它划分为人文科学、历史科学或者自然科学，都不合适。今天以科技考古研究院的成立为契机，让我们思考将来考古学的划类问题。传统的考古学定义正在逐步淡化。如果这一趋势成为未来的发展方向的话，那我们紧接着将面临如何开展考古、如何培养人才的问题。对考古系学生的教育，不能再像过去那样，只讲地层学、类型学，还要了解现代科学技术的发展，以及它带给考古学的冲击、影响和作用，并在充分理解的基础上做好灵活运用。因此，现在的学生授课应加大科技考古含量，理论结合实践。这样或许是改造我们现有考古学的途径之一。

其次，科技考古研究人员应该改变观念，不是作为一个纯粹的、狭义的科学家，而是作为一个考古学家从事工作。从考古学的高度看待研究，便会有一些新的变化。在中国考古学史上，我特别佩服夏鼐先生。他原本想报考理科专业，后来阴错阳差上了文科。他在西方接受教育的那段时期，对自然科学的发展现状也十分关注。碳十四测年方法一经发表，他就及时介绍到国内，并投入了使用。从他对周处墓铝的猜测也可以看出他有一种考古的敏感性。由于考古学的研究任务是研究人类社会，过去的社会和它的发展规律既涉及人文，也涉及自然。作为一个科技考古研究者，除了科技手段之外，也必须学习考古学和历史学，要成为一名优秀的新型考古学家就应该做到这些。这是我参加此次会议后最大的感想。

还记得1995年中国社会科学院考古研究所刚成立科技考古中心时,我就坚定地认为考古不能只靠地层学和类型学。新兴的科学,只要有利用价值,就该慢慢转化成考古学的有机组成部分。中国的考古学要有作为,就不能固守传统,而要重新选择道路。同样,复旦大学科技考古研究院今后的研究方针,也不能轻易归入科技考古这一单一的领域,而必须改良成综合、融合的新型考古学。

陈　淳:谢谢!李先生的见解不但提到了学科的交叉,而且提到我们培养考古人才应考虑哪些问题。面对21世纪科技考古迅猛发展的势头,我们培养的人才也应跟上世界潮流、跟上学科发展。下一位有请刘庆柱先生。

刘庆柱(中国社会科学院考古研究所):正如刚才李伯谦先生讲的,复旦大学主办科技考古研究院,在全国高校开了成立专门性的科技考古研究院的先例。复旦大学的科技考古研究院和中国社会科学院考古研究所的科技考古中心相同的是首任负责人均为袁靖先生,不同的是,前者为综合性大学,后者为社会科学研究机构。

社会的发展与工具密切相关,工具发展是科技发展的集中体现。科学的"工具"就是"方法"。因此,要引领学科发展,首先是方法论的发展。

所有的科学史都是学科发展史,发展就是否定之否定。当然,科学的否定是在发展的基础上否定不再合适的事物,而不是全盘否定。以此类推,科技考古实际上是对传统考古的发展。这个发展既有肯定,也有否定部分。

现有的学科分类在中世纪欧洲文艺复兴时期开始奠定。随着研究程度的深入、知识的膨胀,为了便于研究和学习,越来越细的学科分化是不可避免的趋势。物理和化学要分开,生物和数学要分开。但是分化势必带来矛盾,因为客观世界是整体的,分化的知识会造成局限,即完整的知识体系被"分割"。随着学科的发展,我们越来越认识到学科分化的局限性。因此,创建双一流大学的重要条件指向跨学科或多学科的一流学科建设,这无疑是对学科分化的一种弥补。"科技考古"就是对考古学多学科、跨学科建设的必然选择。

回到刚才李先生谈的话题,究竟什么是考古学?考古学本质上属于"资料学",是以科学手段取得"资料"、界定"资料"之"时空"的科学,在此基础之上,考古"资料"为客体世界"整体"科学研究所使用的基础科学。考古学的第一步工作是获取、解读历史上的"资料"。真正的历史科学,包括哲学社会科学与自然科学两部分,正如马克思、恩格斯在《德意志意识形态》里说的。从这个角度而言,现在的多学科、跨学科结合考古学才开始使"历史学"回归真正的"科学"。

考古学正在利用多学科、跨学科结合的特点,不断解决一个又一个科学难题,如人类起源与发展问题,人类对自身认知,从"幻想""假说"到科学,是因为以地理学、生物学为基础发展、形成的考古学,使人类起源的历史从"神话""传说"发展为"科学"。不同人、人群之间的关系,通过考古学与体质人类学与遗传学等相关自然科学的结合,一步一步深化,越来越科学化。金力院士领导的复旦大学现代人类学研究中心,在多学科、跨学科的科学研究中,就给考古学做出很好的范例。这个中心以遗传学为主,包括了医学、生物学、考古学、人类学、历史学、语言学等,阐述了"现代人"的起源与发展,绘制了人类文明区系分布及文明起源地理图。考古学科现在应该进一步开展与自然科学结合的研究,以人类学研究为例,人种起源问题从体质人类学开始,而分子生物学的"基因"研究将人类起源问题带入更深层次的科学探索之中。考古学研究应该随着学科发展,与自然科学等多学科结合应更为广泛、深入。19世纪,考古学生从物学引入了类型学、从地质学引入了地层学,奠定了现代考古学的学科基础。但如今我们看到,随着自然科学技术的发展,遗传学尤其DNA技术,比人类学考察来得更精准。同样,在考古学的科学研究基本内涵的"时空"之"时间"方面,高能物理学科的测年技术也比地层学更为科学,它使考古学年代学中的"相对年代"进入"绝对年代"。生物考古长期以来涉及人类生活的基本问题即饮食问题研究,它不但告诉了我们古人吃了什么,还告诉我们这些生活习惯之后隐藏的文化信息。我曾和袁靖、赵志军他们聊起殷墟的太牢、少牢,这里出土的牛羊不仅仅反映了食物类型,同时也反映了当时的社会"形而上"的一些问题。又如,作为中华文明源头的新石器时代中期文化,其栽培植物有小米和水稻,而作物品种的多样化恰恰是社会经济发展水平的指标,裴李岗文化兼具"北粟南稻"生业特点,使之增强了抵御自然灾害的能力。

把自然科学引入考古学的同时,要关注各门学科的精华部分。当我们遇到生物遗存时,鉴定是第一步。但后续我们还有更多的问题要研究,这就需要借助其他相关学科。以粮食"粟"为例,古代国家的粮食库存以粟为主。根据文献记载,文景之治时,粮仓里的粮食都烂了,说的就是粟。国家粮仓存放的就是粟,主管农业的最高官员称"治粟都尉"。这些记载提示我们,在探索中华文明之时,栽培植物中"粟"是头等重要的农作物。这些问题研究又要涉及文字学、语言学等方面的知识背景,这也就是说我们通常所说的多学科结合。类似例证不少。再如中国考古学中的"鼎",从考古发现距今8000年的裴李岗文化的陶鼎、距今3000多年前出现的铜鼎、历史文献记载的五千年前的黄帝铸九鼎,到语言学、文字学的"定鼎中原""问鼎中原""一言九鼎"等,以及汉武帝得铜鼎而改年号"元鼎"。鼎成了国家政权的符号。到了元、明两代提倡复古,复古的最多的器物就是鼎,甚至老百姓家家有香炉,而"香炉"正是"鼎"的转化,它被置于牌位正前方用于焚香祭祀。

学科间需要相互联系,不能孤立地就本学科谈本学科。考古学解读历史也需要其他学科的知识。例如,庞朴提出中国哲学"一分为三"的分法,我认为还有"一分为五"的分法。中国自古崇尚奇数,偶数缺少代表权威的中间项。所以,中国的古代文化有"五方"——东、西、南、北、中,有"五岳""五色""五行"及以这些为基础的事物分类。再以建筑为例,凡是皇帝居住的地方都有三个或五个奇数的城门。即使在今天,政府的建筑也不同于一般建筑。从这个角度来看,建筑有着表达国家政治理念与权威的作用。正如北京城的中轴线,它体现了皇权的至高无上。可见,历史是与人文和自然相连的。即使我们还不能综合各个学科整理出一本百科全书,但适当的外围学科的知识对考古学者而言是十分必要的。

可惜的是,现在的学者知识面很窄,不能和20世纪30年代的那批学者相比,比如夏鼐先生。他大学报考的是社会学系,但他注重涉猎不同的学科,后来又转到近代史学科。出国留学时,因为没有近代史的项目,便转成考古学。虽然考古学不是他的首选志愿,但他把考古学当作历史,不像现在的收藏家仅把考古当作玩物。考古学虽然研究历史,但和传统历史学不一样。历史学近年提出的"环境史学""图像史学"等,实际上是把考古学的分支学科说成"历史学",但是我注意到,考古学在"环境考古"("环境史学")、"美术考古"(图像史学)等方面的科学研究中,缺乏"科学"意识,也就是更多地表现出"就事论事",而不是探索客体世界的"规律",这是科学研究的大忌。

在科技考古中,长期以来我认为以动物考古学、植物考古学、环境考古学、年代学最为重要。这些学科是与"人"关系最为密切的。人本身就属于"生物",或者说是"动物"之中的"高等级动物"。"人"赖以生存的基础是动物与植物,人的活动平台是"环境"。对于科学研究而言,时空是所有科学研究的基本内涵,而空间是"直观"的,"时间"是需要科学技术知识完成的。因此,中国社会科学院考古研究所开始筹办科技考古中心时,我首先考虑引进的是动物考古学和植物考古学方面的两位专家袁靖与赵志军。

考古学必须发展年代学。时间问题是所有科学的共性,科学就是解决时间和空间这两个问题的。因为时间有着无止境的精细度,可以无限划分,随着物理技术的发展,不分割时间就无法深化研究。但因为种种原因,北京大学率先建立了碳十四加速器测年,中国社会科学院考古研究所就这样落后于北京大学的年代学实验室。在这样的情况下,我曾和袁靖讨论过如何选择考古研究所科技考古中心的发展特色。我认为,科技考古中心既要灵活运用"拿来主义",又要发挥自身长处。既然考古发掘经常出土粮食、人骨和动物骨骼,那科技考古中心便可以发展这些方面,其他方面(如年代学)则尽量借用,而研究人员也要又当实验员,还兼考古专家,如此才能实际运作起科技考古中心。我建议,复旦大学的科技考古研究院要针对科技考古怎么研究的问题,尽快摸索出一条适合自己的道路。研究院可以借用其他学科的资源,比如与人相关的研究借鉴复旦大学生命科学学院的相关知识、高端人才、先进设施。科技考古研究院倘若全靠自己的专家、设备、资料独立研究,无论办多大规模、有多少编制,也一定不行。复旦大学科技考古研究院要充分用足复旦大学方方面面的"资源",这是其他院所所不具备的得天独厚的优势。

刚才几位的报告中,我对袁靖、李延祥的报告十分感兴趣。不管是有关动物、植物的,还是有关青铜器的,他们两人最后的结论都上升到了人。研究就是这样的顺序,99%是过程,最后那一步才是关键,也就是科研成果从"量变"到"质变"的成果。现在复旦大学的科技考古研究院应该侧重研究,将终极目的设定为利用考古资料研究人、研究历史。

最后,我认为考古研究的课题应该有权重。课题选择上要考虑它在解决历史问题上权重与分量,而不能光凭兴趣。美国人类学家罗伯特·雷德菲尔德提出将人类文化分成大传统和小传统,这值得借鉴。如今考古学研究的学术目的有碎片化的倾向,我们要注意考古的研究中心不变,应找准权重。科技考古不能什么东西都做。即使在复旦大学这样的"双一流"大学,进入"双一流"的学科恐怕也只有三分之一。就算整体学科都一流了,科技考古也不能把所有的学科都列为重要研究对象。

我看到复旦大学及其文物与博物馆学系领导都很重视科技考古研究院成立,陆建松主任对研究院全力支持,袁靖教授又亲自挂帅,我相信复旦大学科技考古研究院一定能够为中国考古学探索、开辟出一条科技考古研究与高端人才培养的道路!

陈　淳:谢谢刘先生的精彩发言。这提醒了我一件事情,考古学以前常强调两重证据法,即文献和考古的结合。在科技考古的发展趋势下,我们对两重证据法应有一个新的理解。文献记载的内容,包括宫廷政变、战争等,都属于上层建筑的范畴。而考古,恰恰相反,研究的都是金字塔下层的基础内容,包括技术、生计、人口等。因此,在历史考古学的范畴内,科技考古也可以做出它应有的贡献,提供有关王朝兴衰的经济、政治和人口的资料。这样重建的历史更扎实、详实,不仅仅呈现了王朝的政治史,也就是我们过去强调的通史,而且勾勒了整个社会金字塔兴起和崩溃的基础。接下来有请赵志军研究员讲话。

赵志军（中国社会科学院考古研究所）:我要说的还是我以前一直强调的三句话:科技考古属于考古,科技考古也是考古,科技考古就是考古。

陈　淳:谢谢赵志军研究员,下面请赵辉教授发言。

赵　辉（北京大学考古文博学院）:前几天我去深圳参加了由唐际根教授领衔在南方科技大学成立的一个类似的科技考古中心。南方科技大学和复旦大学的科技考古略微不同。南方科技大学聘请唐际根教授在科技考古中心主持工作,然后去找队伍做课题,基本属于研究所的运行模式。而在复旦大学,我通过和袁靖的深谈,了解到复旦大学的科技考古研究院,不光是要做研究,还要培养学生,目的是学科建设。这是一种非常长远的考虑。当然,学科建设有大有小,要建设一个包罗万象、非常完整的学科,可能无法一步到位。然而,科技考古研究院依托于复旦大学雄厚的人文学科底蕴,可以说站在了一个相当高的起点上,可以预期其必将有很好的发展。总之,科技考古研究院的成立是一件非常值得祝贺的事情。

刚才我已经在网上看到了有关科技考古研究院成立的报道。新闻稿里有这样一句话：科技考古是考古学的一个重要分支。我不同意这一说法。传统考古学的主要方法——地层学和类型学，都是借鉴自然科学而来。也就是说，考古学虽然是研究历史、人文科学的学科，但它的研究资料是物质文化遗存，分析研究它们的技术其实是自然科学的。考古学针对各种具体的研究目的、课题，来组织各种技术，形成考古学方法。但在技术层面上，从方法的构成内容而言，它仍是自然科学的。也就是说，考古学从诞生之日起，就是科技考古。这样说，也就无所谓非科技的考古了。

从 20 世纪 60 年代以来，尤其从八九十年代以来，大量现代技术被引进到考古学研究中来。一方面，考古学家要理解、吃透这些新技术的原理、功用，需要时间；另一方面，运用这些技术的往往是自然科学背景出身的研究人员。让他们理解考古学的历史研究理念和特点，自觉认识到任何一种现代技术在历史研究中都有其局限性，也需要时间。这就不可避免地造成了所谓的"两层皮"的现象。当然，从学科的发展趋势看，"两层皮"只是一个时期内的暂时性现象，今后的学科一定会达到现代技术和历史研究理念的深度有机融合的程度。这样看来，学院冠以"科技考古"这个名字，倒是反映了自然科学和史学理念结合得不够紧密的现状。而从未来计，我认为"科技考古"这个名字只是暂时的，时间长了，研究院应改为"考古研究院"。而"科技"突出了现代科技的运用，只是作为复旦这个研究院的特色。研究院应该以建立一个大而全的学科为长远目标，即使不能一蹴而就，也应摆正位置，将其作为努力的主要方向。以上就是我想的和我希望的。

陈　淳：谢谢赵辉教授的这个精彩发言，发人深省。科技考古在发展初期叫 Scientific Archaeology，但是到最后演变成了 Archaeological Science，暗示着考古与整个科学融为一体。接下来有请朱岩石研究员发言。

朱岩石（中国社会科学院考古研究所）：非常高兴出席这次会议。首先，我对复旦大学科技考古研究院的成立表示祝贺。刚才说到中国社会科学院考古研究所的科技考古中心在袁靖老师、赵志军老师主持下，已取得了众所周知的成就。而复旦大学具有高校的优势，拥有更多的学科可以相互合作，可以作为科技考古研究院的后盾。这预示着非常好的前景、非常新的学科交叉，可能会出现非常有深度的学科合作。上午袁老师提到的三年初见成效也是切实可行、十分现实的规划。

从长远来看，各个学科相融合也是科技考古发展的趋势。我在上个世纪80年代上大学的时候，还没有科技考古的提法，而是说自然科学在考古学中的应用。但在今天，我们每设计一个考古项目，从发掘开始，所有的自然科学学科、手段就已经开始介入其中。从测量、进行遥感考古，到发掘过程中动植物考古的介入，再到实验室的分析和修复，考古学越来越能开放地接纳各个学科，融合成为大趋势。随着考古学的发展，它将逐渐发展成一个多学科、跨界的一级学科。这一过程中，除了深化现有学科的合作之外，势必还会有全新的学科加入到合作队伍中。以现在迅猛发展的计算机技术为例，在考古发掘中，常常会收集到三万片甚至五万片的砖。过去，我们往往只能选二三百个做标本。但现在发掘者已经可以做到全部采集，如此一来，得到的海量的数据便需要借助计算机处理。我们尝试用两辆卡车把一个北朝的单体建筑的瓦片收集起来，再请建筑考古的学者加入研究，他对古建筑的复原已经从定量分析的基础上得出了定性的结论。这种新方法无疑为考古研究本身注入了活力。

我非常看好复旦大学这样一个多个一流学科所在的平台，希望复旦大学能够为科技考古研究院助力，对中国考古学的发展做出贡献。

陈　淳：谢谢朱岩石研究员，下面请刘建国研究员发言。

刘建国（中国社会科学院考古研究所）：谢谢大家，非常高兴参加这个大会。我是学遥感与航测出身，之后到中国社会科学院考古研究所工作，从事考古测绘与遥感等工作。1995年考古研究所成立了科技考古中心，我从一个测绘人员变成科研人员，需要不断地做好研究、多出成果，为了适应这个角色的转变，需要在各项工作中更多地了解考古，掌握我面对的工作中需要解决的考古学问题。

王宁远研究员说得很好，科技考古人员要待在工地，才能了解考古工作需要解决什么问题，科技考古人员要与考古发掘研究人员相互配合，才能解决问题。科技考古就是要解决考古学问题，否则毫无意义。复旦大学科技考古研究院成立的条件非常好，在前期已经具备一定的工作经验、人员配置、实验室设备等基础。在这个平台上，进一步整合资源，引进外部力量，把科技考古做得更好，这是值得充分肯定的思路。我在考古研究所的近30年里，也目睹了一部分研究单位、研究人员打着"科技考古"的旗号，觊觎科技考古研究的经费,胡乱地参与进来,在中间把水搅浑了,让一些学者觉得科技与考古一直是两层皮。好在大浪淘沙,这些年来那些人的身影在很多场合已经不多见了。作为一名科技考古人员,我相信复旦大学科技考古研究院的成立和发展将会为考古学研究发挥重要的作用。

另外,从研究人员教育背景的角度而言,新方法、新技术、新设备的操作难度正随着科技发展而不断降低,传统考古人员即便是文科出身,只要愿意花一些时间、精力,也能够迅速掌握很多科技考古的理论与方法。尤其是作为领队,开阔、创新的思路更是必不可少的。上午王宁远研究员介绍了良渚遗址的科技考古工作,涉及的很多工作并不是由他亲手完成,但他知道哪些人能做哪部分工作,从而把这些人召集起来,成功地完成了很多项研究工作。

作为一个入行30多年的科技考古人员,我由衷希望科技考古的团队越来越壮大,科技考古成果越来越丰硕,而科技考古的"科技"特征也越来越不明显。

陈　淳:谢谢刘建国研究员,下面请董广辉教授谈谈文科和理科如何沟通理解的问题。

董广辉(兰州大学资源环境学院):我很荣幸能参加这个重要的会议,也祝贺复旦大学成立科技考古研究院。

我是学理科的,主要研究自然地理。做地理研究,十分注重两个尺度的概念,一是时间的尺度,二是空间的尺度。现在我们的研究中应该加强区域的尺度。研究工作要将区域进行对比,对比的区域不能局限于国内,还要与他国的区域对比。加之,科技考古本来就有接轨国际的优势,如此一来,中国科技考古的研究才能触及国际前沿的学科问题。

关于创新,我认为创新有手段和理论两个不同层面的含义。近年来方法创新发展极快,与此同时,理论创新也应该跟上步伐,从而真正做到把中国的科技考古推向世界,在世界的前沿科技舞台上占有一席之地。

陈　淳:谢谢董广辉教授,下面请吕厚远研究员发言。

吕厚远(中国科学院地质与地球物理研究所):我来自中国科学院地质与地球物理研究所,是做环境考古研究的。首先,祝贺复旦大学科技考古研究院的成立。其次,我想围绕环境考古谈一些自己的感想。

袁靖老师在研究院未来三年的规划中提及了长江下游农业起源以及良

渚文化环境考古的研究,这正好契合了我们团队正在开展的一个项目,因此,我相信,我们以后会有更多的交流机会。在长江下游地区的环境考古、农业考古等方面,国内外有多个团队正在展开研究。希望在将来,这些团队能就环境考古、农业起源等问题开展具体的、定期的交流,促进这一系列课题研究的发展。

在这几年的研究中,我们发现,长江下游地区自然环境的一大特点是受海平面变化的影响。两万年以前,东海的海平面还在一百多米以下,一万年以前还在十多米以下,一万年之后,随着海平面快速上升,造成了该区域的海岸带进退、沿岸沙坝形成以及泻湖、海湾、河流的变迁等,使这个地区的环境在时间和空间上发生快速的变化。这些变化毫无疑问严重地影响着、控制着人类的生存活动、农业活动,但目前我们还没有完全理清这些环境变化的规律,从已有的变化过程来看,这个地区的环境考古研究应该区分变化的不同时间尺度,在万年尺度、千年尺度、百年尺度下,人类活动对环境的适应可能是不一样的;另外,不同的因素造成的环境变化也需要区分,区分温度、降水对生态环境的影响,区分来自海洋或者陆地洪水的影响,区分人类活动的因素等。

近几十年来,我国的科技考古的发展,像国家经济的发展一样,经历了从"摸着石头过河"到"顶层设计"的发展过程。今天的科技发展成果,特别是科技考古的成果的产出,有三个特点:(1)重大的突破一般不是学科内部发生的,一定是有相邻学科的引入;(2)学科之间的界线越来越模糊,比如农业起源的问题,已经不单单是考古学的问题;(3)几个脑袋进行学科的交流,赶不上一个脑袋里有两个或者多学科进行交流所达到的深度与广度。

复旦大学科技考古研究院的成立,正是要打造出一个融合多个学科的智慧大脑、最强大脑,相信一个方向有特色、技术有专长,立足中国、放眼世界,人才济济的复旦大学科技考古研究院,一定会做出世界一流的、硕果累累的成绩。

我们科技考古团队多年来在前辈的带领下、在考古界各位老师的支持下,有幸在近期对上山的水稻、喇家的面条等农业考古、环境考古方面开展了研究,感谢大家长期以来的支持。最后,再次祝复旦大学科技考古研究院越办越好。

陈　淳：谢谢吕老师的精彩发言，下面请承焕生教授发言。

承焕生（复旦大学核科学与技术系）：我要说几点具体的问题。第一，在培养本科生、研究生方面，需要做一些改进和变化。复旦大学作为一所综合性大学，考古专业的学生可以更关注理科方向的学习。尤其对复旦大学的学生而言，基础水平较高，第一年也不分专业，文科、理科在一起，互相接触，有利于学生的未来发展。根据学生的兴趣可以安排学生分别学习一些物理、生物、化学方面的基础课（包括理论和实验）。有些内容可以安排在研究生时期学习，如核方法和核技术，相关的理论、实验设备在原子核物理和核技术系是完备的。

第二，要积极开展合作。我们核物理专业很乐意考古学家加入团队，展开广泛的合作。前几年，复旦大学核物理研究团队曾和浙江省文物考古研究所的沈岳明和郑建明对浙江省出土的原始瓷器进行了合作研究。我们采用质子激发 X 荧光（PIXE）技术对原始瓷样品的釉和胎的化学组分进行了系统的研究，对原始瓷的发展过程有了较完整的了解。通过分析，我们有效地区别了人工釉和窑烟自然形成物在化学成分上的差别。通过合作研究，纠正了过去一部分学者的观点。我们合作完成了一项文化部的研究项目，共同发表了 4 篇研究论文。我们和文物与博物馆学系也有不少成功的合作研究。因此，我认为理科的研究者与考古人员合作是双赢的愉快合作。

第三，我也想为科技考古研究院敲响警铃。目前，复旦大学进入一流学科建设的只有 17 个。遗憾的是核物理系与文物与博物馆学系皆未能入选。虽然从本次会议来看，科技考古研究院有一个很好的开局，但之后仍须认清现状、承担压力、负重前行。

陈　淳：谢谢承焕生教授，下面请宋建研究员发言。

宋建（上海博物馆考古部）：首先，祝贺复旦大学科技考古研究院成立。其次，祝贺袁靖先生担任院长，从研究第一线转到教学研究第一线。我差不多是最后一个发言了，原来打算讲的许多内容已被其他老师提及，我在此再作几点简要的补充。

第一，科技考古不是考古学的分支学科，而是特指将科技方法和技术应用于考古学。这是由考古学学科的属性所决定的，考古学属于人文学科，主要的研究对象是人，是已经消失的人类和人类社会遗留下来的物质遗存。科技方法和技术的研究内容是物质,因此能够在考古学领域发挥极其重要的作用。人类的政治活动和意识(精神)活动也是考古学的研究对象,虽然科技考古不能直接研究它们,但是政治和精神活动都是以物质为载体的,这些载体也是科技考古的研究对象,可以利用自然科技手段间接研究过去的政治活动和精神文化,包括宗教、艺术、思想观念、意识形态等以物质为载体的内容。以良渚玉器为例,它反映了当时的神权、等级、政体等重要的政治和宗教概念,其主要载体是玉器,而玉器本身可以通过自然科学方法研究。人类过去的物质文化和以物质为载体的精神文化均属于考古学的研究对象,因此,科技考古研究最终还是要落实到考古上,是考古研究,而非一般意义上的科技研究。

第二,科技考古研究院的成立对复旦大学而言是大力发展考古学的契机。复旦大学的文物与博物馆学系在国内高校中位列前茅,加上科技考古的助力,必能更进一步。科技考古要落到实处,就必须以考古学科为主导。所谓"主导",首先是问题导向,以考古问题决定研究目标和研究对象。国内外都有很多实例,进入21世纪后,我国最重要、规模最大的中华文明探源项目,就是以考古问题为导向、利用多种自然科学方法和技术进行整合研究并取得重大成果的案例。其次是以考古学家为主导,考古项目负责人和发掘领队要主动、积极地承担科技考古的责任和义务。在科技考古中发挥主导作用对考古人的学科胸怀和知识储备的要求很高。有些考古人没有很好地发挥主导作用,仅满足于考古报告中有几篇鉴定、测试附录,以为这就是科技考古。考古人应该自觉、认真地学习那些应用于考古研究的自然科技方法、手段。虽然并不要求考古人精通所有科技考古技术,但要努力多方面学习,并争取做到对某一技术有相当深入的了解,成为一专二能甚至多能的考古人才。

第三,具有科学技术某一方面专长并运用于考古学研究的学者对自己的学术定位应该具有清晰的认识。一方面,要以考古学研究目标为导向,利用自己的学术背景与学科特长,以自然科学手段解决考古问题。他们都应该努力去做一个考古学家,如同一个真正的考古学家那样提出问题、回答问题。另一方面,他们也应该注意避免乱做考古学家,即不应该在并不了解学术关联且没有足够的材料基础上随意提出重要的考古结论,例如有的所谓环境考古研究者在马桥遗址、广富林遗址的古环境研究中所做的那样,不仅没有解决问题,而且还会产生误导。这样的认识和要求同样适合于考古背景的研究者,千万不要对考古科学技术仅懂点皮毛,就自诩为科技考古学家。

第四,如何培养一名优秀的科技考古研究者?我认为有以下几个途径:首先,做好专业教育,本科考古专业学生在校阶段扎实学习自然科学技术的考古应用课程,并在田野考古实习中付诸实践;其次,优化目前已经在工作岗位上的考古人员的知识结构,可以通过短期培训班形式学习科技考古技术应用;最后,鼓励在职的考古研究者在工作实践中自学科技考古,当务之急是学习动物考古、植物考古和体质人类学,它们既是科技考古技术,又是考古学的重要组成部分,迫切需要用于田野考古第一线,如果不能及时处理好这三类材料,随着出土环境的变化,许多有用的信息可能丢失。

陈　淳:谢谢宋建研究员的发言,下面有请靳桂云、金正耀和李伟东三位老师谈谈你们的看法,谢谢!

靳桂云(山东大学历史文化学院):在中国考古学从主要注重文化历史研究向重视社会研究的学科转型的大背景下,自然科学方法在考古学中的应用(英文有 scientific archaeology, natural science in archaeology 和 archaeological science 三种表述方法)越来越广泛且深入。现在我们经常称之为"科技考古"。根据我的理解,现在的"科技考古"还包括"通过考古学材料研究科技史"的内容。

"科技考古"当前处于快速发展阶段,这既是中国考古学发展的必然结果之一,也与自然科学的发展密切相关。在相关研究中,除了具有考古学背景的学者,更多的是具有各种自然科学背景的学者,这也正是近年来科技考古迅猛发展的一个重要原因,对考古学问题有兴趣的学者越多、在相关研究中采用的自然科学方法越广泛,我们通过考古学材料对古代人类与社会的理解就越加接近真实,而科学、准确地认识古代人类与社会恰好是考古学的主要目标。

然而,来自各个学科的学者应该以何种方式参与到"科技考古"中来?或者说,学者之间怎么样合作才能最大限度地发挥各个学科的优势,最终更好地实现科学、准确地认识古代人类与社会的目标?我个人认为,最根本的就是要把相关的自然科学方法与考古学的问题密切结合。换句话说,就是从考古学的问题出发,确定用什么样的方法和如何一步步开展科学研究,至于在这个过程中,每个学者具体采取哪种方式,相关研究人员是否具有考古学的背景,并不重要。"条条大路通罗马",只要最终有效地回答了考古学问题,就达到了我们的目标。

如果我们承认人类是自然界的一部分,那我们就会看到,在考古学研究中,我们最不能回避的就是人类与环境的关系问题,因为不仅人类的起源、农业的起源、文明的起源与环境变迁有密切关系,就是科技高度发达的现代社会,我们也无法摆脱环境对我们的影响。如果我们翻一翻"第四纪环境"方面的教材,我们更会发现,人类的历史是作为环境变迁中的一个有机组成部分被写入教材的。这个事实告诉我们:未来的考古与科技都是我们认识人类自身发展历史的一个角度或者方法。

陈　淳:谢谢靳老师,下面请金正耀教授发言。

金正耀(中国科技大学科技考古研究室):首先,今天注定要成为中国考古学术史上重要的一天,我作为这一历史事件的见证者,深感荣幸。

其次,我认为,21世纪是中国科技考古的时代担当。这可以从三个层面进行理解。

第一,今天的中国科技考古学首先要完成的重要任务,就是要走向国际,讲好中国故事。科技语言相对于社会文化语言在交流上阻力较小,因此,在进行国际交流方面有其长处,可以担当中国考古从输出材料到输出理念,再到输出理论这一先锋官的任务。

第二,科技考古要讲好"他山之石"的故事。今天,科技考古和田野考古都在积极走出国门,在全球范围内开展考古发掘。然而,还有更多的地方没有发掘条件,或因民族主义的情绪等种种原因,使得田野考古的实施难度也要比科技考古大得多。从理论意义上讲,今天中国文化迎来了伟大复兴,国民既需要通过自己来进行文化创新,也需要外部成员的加入来进行积极的拓展。因此,与其他国家合作,将全球性的成果介绍给我国民众,转化为公众考古的一部分,也将是科技考古应该承担的责任。

第三,中国科技考古在21世纪要突破上个世纪的成就,走到世界前沿。整体而言,今日中国科技考古的方法、技术还是沿用了西方的范本。中国的科技考古在今天这样一个时代,要如何从跟着别人走到跟别人并肩一起走,再发展到领跑一个领域甚至多个领域,将是我们需要承担的艰巨任务。

综上，我认为中国科技考古在当今承担着巨大的时代使命，应该有更光辉的未来。从这一意义上而言，复旦大学科技考古研究院的成立注定会成为一次重大的历史事件。

陈　淳：谢谢金正耀教授的高瞻远瞩，下面请李伟东研究员发言。

李伟东（中国科学院上海硅酸盐研究所）：今天听了诸位专家的发言，受益匪浅。我觉得非常重要的一点，就是科技考古工作者要始终保持与第一线考古学家的密切合作，深入讨论需要解决的问题，并带着问题设计研究方案及选取标本，采用一系列恰当的科技手段来为重要的考古学命题提供可靠的科学依据。

另外，从自然科学研究者的角度而言，我想补充的是，由于从事科技考古的研究人员有各种各样的专业背景，包括材料学的、物理学的、化学的等，他们除了为解决考古学命题提供科技支撑以外，也有基于自己学科范畴内的更深层次的思考和感兴趣的科学问题，而这些可能是考古学家不会提出的问题。

我所在的中国科学院上海硅酸盐研究所，从事古陶瓷科学研究已有近90年的历史，几代研究人员基本上都有材料学、物理学、化学背景。比如近两年在我们研究宋代建窑建盏釉的表面析晶时，发现析出了一种特殊的晶相epsilon-Fe_2O_3，这是一种性能优异的磁性材料，它的制备比较困难。那么古代的建盏便可以和现在的磁性材料制备关联起来了，同时我们也在思考龙窑的高温和还原气氛造成的低氧分压等条件正是优化制备epsilon-Fe_2O_3材料的关键所在，这是古人给予我们的启示。通过这个例子，我想指出的是，除了考古学问题，在做科技考古研究时，还可以揭示一些深层次的科学问题和科学原理。古代的陶瓷材料蕴藏着深刻的科学内涵，尽管古人不知道这是科学，将之作为一种技术经验传承下来，而我们要通过科技考古认识古代材料背后的科学，并据此重建传统工艺，这也是科技考古的使命。

再举一个著名窑口瓷器呈色的例子。这一项目上海硅酸盐研究所已和复旦大学物理系的光子晶体团队合作了五年。研究过程中，我们发现，古陶瓷比如钧瓷、汝瓷的蓝色，与自然界的蓝鸟羽毛的呈色有共通的规律，都是属于结构色，这是值得进一步深入探讨的问题。

因此，我认为，科技和考古结合，除了要解决考古学命题，还要探索自然科学的问题。考古学与自然科学互相支撑，在解决考古学的命题时，自然科学提供科技支撑；在解决自然科学问题时，考古工作者为研究者提供古代材料样品及考古学背景的支撑。

陈　淳：谢谢李伟东研究员的发言，最后请王昌燧先生做总结陈述。

王昌燧（中国科学院大学人类学与考古学系）：首先祝贺复旦大学科技考古研究院的成立，这将是中国考古学史上的一件大事，这是大家的共识。

据我所知，复旦大学成立科技考古研究院绝非突发奇想，而是深思远虑的决定。事实上，陆建松主任为科技考古研究院的成立至少已经筹备了两年。

复旦大学成立科技考古研究院有着特殊的优势。第一，校领导十分支持科技考古研究院的成立。这一点至关重要，有了校领导的支持，就有了坚强的后盾。许校长亲临会场并当场表态，"科技考古研究院已列为学校双一流建设的第一个平台"，这充分表明了校领导的态度。

第二，今天高朋满座，我国考古界、科技考古界的领军人物悉数到场，共同祝贺、高度肯定复旦大学科技考古研究院的成立。如此深厚的人脉无疑是研究院未来顺利发展的重要因素。

第三，复旦大学请到袁靖先生担任院长，这是至关重要的明智之举。为了使袁靖先生安心、顺利地开展工作，陆建松主任上下沟通、具体落实相关条件，而袁靖先生也看好复旦大学，毫不犹豫地接过重任。我和袁靖先生是多年挚友，于公于私，我都相信，他的敬业精神、工作能力一定能够将科技考古研究院办好，为研究院跻身世界一流水平奠定坚实的基础。

袁靖先生刚才回顾了复旦大学科技考古与文物保护的发展历史，我这里再补充一些。记得20世纪80年代，费伦主任在其叔叔费孝通先生的支持下，促使复旦大学与国家文物局合作，建立了一个文物保护研究、教育机构，为国家培养了一批人才，包括中国社会科学院考古研究所的张雪莲、西北工业大学的杨军昌等人。然而，该机构中途夭折，究其原因，关键是未能选到合适的学科带头人。一个单位的兴衰，很大程度上取决于学术带头人。以我对袁靖先生的了解，我坚信，他一定能将复旦大学科技考古研究院办得有声有色、成果斐然。

复旦大学是我国著名的高等学府，其物理学、材料学、化学、生物学，尤其是核技术，都是复旦大学的强项。很早之前，杨福家院士利用PIXE率先测试了勾践剑的成分，探讨了该剑千年不锈之谜。之后，承焕生先生长期利用

PIXE 开展古陶瓷、古玉器等科技考古工作,不仅在国内一枝独秀,在国际上也居于前列。除了自然科学,复旦大学的文科优势也十分明显,从周谷城先生开始的历史学传统以及谭其骧先生开创的历史地理传统,在国内长期处于领先地位。由此可见,作为典型的自然科学与社会科学的交叉学科——科技考古学,在复旦大学,无论文科抑或理科,都有天然的融合沃土,而这一点同样是复旦大学科技考古研究院得天独厚的条件。

不难意识到,袁靖先生对今天的报告内容都作了精心策划。首先,对考古学最为重要的年代学,其近年来测年技术和年代谱系的主要进展由吴小红教授作了系统介绍。尽管近年来测年领域取得了骄人的成果,然而,我们不能不看到,夏商周断代工程以来,中原地区的年代数据普遍被拉近,而周边地区,特别是西北的甘青地区,缺乏新的测年数据。众所周知,甘青地区恰恰是中西方文化交流的关键区域,若不尽快填补该地区新的测年数据,中西方文化交流的探讨势必沦为空谈。之后的演讲报告分别介绍了考古学家们需要怎样的科技考古,几位老师都讲得清晰生动,并深有体会地指出科技考古的重要性以及传统考古学与科技考古的关系,其中,南京博物院考古研究所林留根所长对科技考古领域全面而简明的阐述,使我都感到自愧不如。接着,袁靖先生介绍了复旦大学科技考古研究院主要的发展方向,一是生物考古,二是人工制品的科技考古。略感遗憾的是,会议没有安排古代 DNA 的介绍,要知道,复旦大学在古代 DNA 研究领域的地位无论怎么评价都不为过。

在座的专家还就如何办好研究院建言献策,主要有以下几个方面。第一是人才培养。李伯谦先生提议要培养新型的考古学家。所谓新型的考古学家,指的就是研究者必须懂得一两门科技考古分支领域的知识。其知识不一定特别精通,但至少要有能力判断合作完成的数据正确与否。只有做到这一点,才能确保合作的有效性,确保研究成果的可靠性。第二,利用复旦大学的学科优势,在国家文物局的支持与指导下,办好科技考古各领域的学习班,大幅提高现有从业人员的素质,使我国考古界科技考古的水平得以全面提升。第三,科技考古研究院的研究要有所取舍,即要有所为有所不为。用人方面,应引进上述新型考古人才,并根据个人特长,因人而异设立发展方向。唯有优秀人才方能开拓出新颖的前沿方向,从这一点讲,领军人物的引进对科技考古研究院的发展举足轻重。最后,要牢记陈淳先生的厚望,用考古学和科技考古学的碎片材料诠释历史的进程。欲达此目标,我们必须在方法创新的同时,争取理论的创新。应该说,中国的考古学理论依然处于照搬国外的层次。陈淳先生翻译介绍众多专著,对我国考古学理论的建设具有不可或缺的参考价值,但归根结底,中国考古必须建立并完善自己的理论方法。无疑,这一理论创新不可能一蹴而就,它需要经过反复推敲、不断检验。我们应该清醒地认识到,这是当今考古学和科技考古学应该肩负起的时代重任。大家应该充分认识到这一点,为这一理论建设添砖加瓦。令人欣慰的是,我国考古学界有像陈淳先生这样杰出的理论大家,为此,我坚信,我们的目标一定能达到!

以上是今天会议的总结和我的一些感想,不妥与不足之处恳请诸位专家批评指正。

陈　淳：今天的会议到此结束,谢谢大家的参与!

以下是会后四位学者送来的书面发言:

曹兵武(中国文物遗产研究院)：2017年9月23日,复旦大学科技考古研究院成立了。复旦大学成立科技考古研究院或将成为考古学史上的一件大事。

有人曾经把新发现和新认识比作是考古学进步的鸟之双翼,也有人把考古地层学和考古类型学比作研究考古学文化的车之两轮,但是它们都离不开理论和方法的烛照。理论与方法可以归结为考古学的放大镜和显微镜,可以让考古学家视野更宽,也看得更清晰。其中,不断进步的科学与技术就是这个放大镜和显微镜的精密部件,包括已经成为考古学家看家本领的地层学和类型学,也是早期从其他学科借来的理论与方法,是进化论兴起时代的高科技。科技加盟考古,不仅可以让传统的考古发现与研究能够看到、看清更多内涵,同时也会拓展考古发现与研究的边界。从学科建设、体制建设角度专门设立科技考古研究院,对于促进考古科技和考古学方法理论的进步,给予了我们更高的期望。

但是,一直有所谓的科技与考古"两张皮"的问题,这就要求我们不能再以二元对立、主位客位的观念看问题,而应以二元一体、主客换位的角度思考问题。科技考古也是考古,科技考古专家也是考古学家,科技既服务于考古,也以古代为自己的研究对象,探索和解决自己的问题。从这个角度说,科技考古也不完全是考古,而可能是科学史、科技史、自然史等。考古借助于科技,也服务于科技,科技与考古二者要融会贯通,因此,考古与科技都要有平台和平台思维。曾经讲要将田野发掘作为多学科共同合作的平台,今天的研究院也许可以探讨一种更深层、更广泛的多学科对话交流与合作的平台,科技与考古的融合要建设一种更综合的平台。

考古学应该是开放的学科,探古寻幽不是考古学的专利,而是各学科乃至人类共同的需求。英国考古学家戴维·克拉克说,考古学的发展历史是其纯洁性不断丧失的历史,是业余考古学家不断超越职业考古学家的历史,表达的就是这个意思。今天的考古应是自觉开放的学科,不仅向其他学科开放,也要向社会公众开放。考古不仅是考古学家的生存寄托、科技考古学家的实验室,也是公众探寻历史、构建记忆、评判价值、凝聚共识的重要路径。考古学家尤其是田野考古发掘的领队,更像是一个乐队的指挥,而非站在考古金字塔尖的那个科学独裁者。以问题为导向的考古学研究、考古发掘,完全可以由既懂考古同时也是该问题领域的专家甚至是公共考古专家来主导,这里没有主位与客位之分,只是以不同的特长面对古代不同方面的问题和现代社会不同方面的需求。考古本质上是综合性的学科。尽管今天学科的分化和专业的深化使得已经难以再产生百科全书式的学者,但是考古学家掌握一两门擅长的技术手段和一般的科技进展,科技考古专家了解考古的基本知识包括地层学与类型学等,已经是从事考古学发掘与研究的必要条件。当年在班村新石器时代遗址的发掘工作中,我们把整个项目称为"多学科综合发掘与研究",这里的多学科不完全是面向考古工作中的应用,而是要合作解决共同或不同的问题。

科技考古,不仅是考古的科技,帮助考古学家解决考古问题,也是科技的考古,帮助我们认识科学史和科学精神。近期网络空间的不少年轻人一直在争论考古与盗墓的异同,其中是否具有问题意识和科学精神,是其最重大的区别之一。没有这种问题意识和科学精神、科技手段,不能从解构古代遗存的过程中提取更多信息,保存更多遗产,那么,考古发掘在客观结果上确实和盗墓没有太多区别。从古玩到文物的观念转变,体现的是科学精神的进步。而从文物到遗产的转变,更加重视考古过程中和考古之后的遗产保护,重视考古发现、研究成果以及遗产本身的社会共享,是文化遗产时代考古学的又一次重大进步和拓展。科技不仅助力考古学的观察发现、信息提取、研究与成果表达,也提供资料处理手段、文物保护手段,以及成果社会共享手段等。因此,科技考古是考古事业的重要增长点。我曾经看到一个统计数据,称 21 世纪初英国共有 5 000 名左右考古从业人员,其中真正从事田野发掘的不到一半(还主要是在合作考古的公司里边),其余的则多分布在考古科技、资源管理、教育传播以及规划咨询等领域里。我们作为文明古国、遗产大国、考古大国,考古人员远未达到这个数量。我们的考古事业的发展,既需要考古环节和链条的不断拓展,也需要不断提升各个环节的科技与信息含量,增加考古工作的社会输出。

古代遗存存量有限,科学发掘、深入研究、保存共享才可以使考古学科不断提升,考古事业永续发展。

考古正在从考古学家的考古走向多学科的考古,走向真正的人民的考古事业。

杨益民(中国科学院大学人类学与考古学系):欣闻复旦大学科技考古研究院召开成立大会,在此谨致以热烈的祝贺!科技考古是通过科技手段分析古代遗物、遗存和遗迹,获得更多的古代人类活动信息,从而有助于全面复原古代人类社会的面貌。有机残留物分析是科技考古的重要领域,它主要通过鉴别古代遗留下来的有机分子,比如生物标记物、蛋白质等,判断有机分子的生物来源,从而为先民的动植物利用提供丰富信息。在动植物大遗存、动植物利用的工具、可见的动植物制品和人类遗存上都可能存在一些携带种属信息的有机分子,近年来我国相关研究者在奶制品、面食、灯油、墨、香料、粘合剂、茶叶等遗存的研究领域上取得了一些成果,显然相关分析可为农业起源与传播、食谱、文化交流、古代医药、传统工艺等领域提供丰富信息,因此有机残留物分析的研究空间十分广阔。

有机残留物分析的一个很大特点是对仪器操作的依赖性很大,比如色谱类仪器,如果研究者手头没有相关设备,很难根据不同样品来反复优化相关的分析参数来获得理想的分析结果。目前国内科技考古单位中,拥有气相色谱—质谱的单位寥寥无几;开展蛋白质分析和鉴定的生物质谱,以及分析脂类单体同位素的联用设备,还没有科技考古单位独立拥有。这些硬件条件的不足,极大地制约了我国有机残留物分析的发展。

同时，我国的有机残留物分析多缺乏预先谋划，往往由材料来决定开展的工作。课题意识和明确的科学问题还有待加强，需要开展顶层设计，在考古学文化演变和人类社会发展的宏观大背景下进行思考。比如，面对众多考古遗址出土的大量陶片，如何从陶片残留物分析的角度研究早期陶器的用途和生计模式的演变等。

值此贵院成立之际，真诚希望贵院在袁靖先生的带领下，契合考古学的研究前沿，在有机残留物分析方向做出重大突破！

徐天进（北京大学考古文博学院）：科学技术之种种方法、手段在考古学研究中的应用，其重要性和必要性，毋庸置疑。

当大家都一门心思、兴高采烈地去拥抱"科技考古"的时候，也需要冷静地思考。

第一，可为和不可为。技术不是万能的。科技的使用以适度为宜。

第二，数据≠考古成果，从数据的获取到释读，有一系列问题可以讨论，方法与边界是什么？要警惕科学主义给学术研究带来的负面影响。

第三，科技考古研究院的定位和宗旨。可以做更周全、长远的设计，如机构的人员构成、运营方式、学生培养计划，尤其是学术数据（基础性研究资料）的积累、管理和社会服务等方面，课题的设置可以做数十年的项目设计，分期执行，将现行体制下三五年为周期的研究预置于更长远的学术框架之内，从而利于构建理想的学术体系。

第四，建议建立一个专业的"数据加工厂"，除面向各考古机构的"来料加工"之外，更可以根据自身的研究需要，主动采样的"数据生产"，分门别类建立"文化基因数据库"。从长远看，这是开始时就应该考虑的，是基础。"数据加工厂"的建立，其益处有：提高工作效率，节约社会成本，改进提升专门技术，有利于数据获取的标准化程度、数据积累和数据库的建设、社会服务（考古研究以外的需求）、人才培养（实验室技术培训）。

陈建立（北京大学考古文博学院）：这里围绕冶金考古研究的取向阐述自己的认识。根据最近几年的研究实践，我更加深刻地认识到冶金考古学的发展有赖于矿冶遗址田野调查的开展，有赖于冶金手工业资料的积累，有赖于现代科学技术的广泛应用，也有赖于相关理论和方法论的探索。

早在20世纪20年代，随着现代科学和考古学的传入，中国第一代考古学家与化学家已开始从自然科学角度,结合传世或出土金属文物,对古代冶金技术进行研究;20世纪50年代以后,随着考古工作的大规模开展,金属文物的检测分析工作与考古发掘的结合愈加紧密,冶金考古研究的视角扩展到对矿冶遗址、金属原材料的开发利用等问题的探索之上。新世纪以来,冶金考古研究聚焦于对矿冶遗址进行详细考察,并充分利用自然科学在年代测定和检测分析方面的优势,获得对遗址属性、技术类型和生产水平的判断,进而揭示其考古学、历史学和遗产学价值,为遗址保护、开发和利用提供基础资料和指南,冶金考古研究的深度和广度都得到了进一步提高。从深度上讲,研究的问题已经不仅仅是单个遗址或单个区域的冶金技术,而是从更加宏观的视角看待冶金技术的起源、发展以及在不同国家、不同民族之间的交流和传播;从广度上讲,冶金考古与其他领域有了更紧密的交流与融合。冶金考古是现代冶金技术与考古学结合的结果,冶金考古也推动了考古学自身的发展。

从目前的研究来看,中国古代青铜冶金和块炼铁技术可能来自西亚地区,经过中亚进入中国,这种外来的技术在中原地区完成了本土化改造,在夏商周时期形成了具有中国特点的青铜范铸和生铁冶炼技术体系。由于先秦时期中原地区在范铸技术上的垄断性技术优势、强大的产品生产能力以及将青铜器使用的礼制化,伴随着华夏文明在当时的边疆地区的传播,冶金工业制品在很大程度上也已成为华夏文明的物质载体,具有着人群流动、技术传播和产品流通的信息载体意义。对以中原地区为核心的青铜、钢铁和金器的冶炼与制作进行研究,进而探讨资源与文明、技术与社会、中原与边疆的交流问题,已经不单纯是一个冶金技术史的学术问题,而应将其视为早期资源与技术流动、文化的传播与互动的综合问题。这需要利用考古学、冶金学、地质学等多种科学研究方法进行综合研究。

我们正在开展的"先秦时期中原与边疆地区冶金手工业的考古资料整理与研究""东北亚地区早期铁器交流的技术观察"和"长江中游文明进程:金道锡行"等课题,就是通过中原与边疆地区系统的矿冶遗址调查,获取采矿、冶炼、铸造、流通等各个金属冶炼和使用环节所涉及的遗迹遗物,并进行多种的检测分析,构建先秦时期冶金技术发展的年代序列,准确认识它们的文化面貌与时代特征,深度了解不同地区冶金工业的特征,判别其生产组织及产品分配和流通模式,理清中原与边疆地区冶金手工业的发展面貌及其相互关系问题，初步提出中国古代关于冶金技术与文明发展关系的规律性认识。在开展研究工作的同时，我们也始终关注矿冶文化遗产的保护与利用。

冶金田野考古获取的资料是系统诠释古代冶金技术及其对于社会和文明发展关系的物证，是评估矿冶文化遗产的价值、制定保护策略、开展公众教育的物质载体，从这点而言，冶金考古学的研究对象是物质的，但冶金考古的研究目标又是人文的。冶金考古需要利用多种自然科学的方法，最大限度地揭示这些冶铸遗物蕴含的历史、科学、艺术和文化信息，为实现冶金考古的人文理念提供科学支撑。

作为考古学分支学科之一的冶金考古从最开始的简单分析起步，逐渐走向了多学科交叉研究之路，整个考古学科何尝不是如此呢？其实，自然科学的广泛应用，推动了考古学在田野考古操作技术、实验室分析技术、保护和展示技术等方面的全面发展，形成了多学科共同探讨考古学问题，共同参与"考古资产"的价值评估、保护技术研发和展示利用系统工程的局面。考古学是利用自然科学方法实现人文理念的一门综合交叉学科，它会源源不断地吸收其他科学，特别是现代科技的营养，进行本学科的理论、方法与实践的创新，从而保持其活力。

学 术 讲 座

编者按：学术讲座部分收录了复旦大学科技考古研究院成立以来举办的系列讲座。该系列讲座邀请活跃在全球学术前沿的考古学者分享他们的尖端技术、创新方法、最新成果，旨在拓展复旦学子的国际视野、创造国内外学者的交流机会。

首场讲座邀请了哈佛大学人类学系的傅罗文教授（Rowan Flad）作题为"早期丝绸之路上的技术变革——甘肃洮河流域的田野考古成果"的学术报告。傅罗文教授是哈佛大学人类学系的 John E. Hudson 考古学教授，任哈佛大学考古学项目主任、本科生学习指导主任、人类学系主任、考古常务委员会主席等职务，同时也是田野调查协会的学术委员、Esherick-Ye Family 基金会委员。他的研究兴趣集中在中国新石器时代晚期到青铜时代复杂社会的出现与发展方面，曾参与发掘了四川盆地中坝盐业遗址、成都平原的史前聚落等项目。目前他的团队正在洮河流域开展一项国际性的合作研究项目，从生产技术、动植物驯化等方面聚焦洮河流域不同领域的技术革新以及早期丝绸之路的形成与发展。本次讲座的内容正是他在洮河流域进行调查和发掘的初步报告。

第二场讲座邀请了来自英国利物浦大学考古学系的基斯·多布尼（Keith Dobney）教授。讲座以"科技考古能拯救世界吗？"为题，强调了考古学既是研究过去的学科，同时也有助于解决当下和将来的问题。凯斯·道伯涅教授是利物浦大学的古人类生态学教授，致力于古代人类与动物关系及其对人类进化影响的研究。他的主要研究兴趣在于距今 15 000—10 000 年间狩猎采集向农业的转变，特别是动物驯化问题。他的学术足迹遍及全球，目前正在参与一个人类食谱与健康研究的国际合作项目，以期从古代人类口腔微生物中寻找新证据。

早期丝绸之路上的技术变革
——甘肃洮河流域的田野考古成果

傅罗文　哈佛大学人类学系

我非常高兴有机会到复旦大学科技考古研究院来做讲座。我之前没来过上海,这次来访对上海的印象格外好,到了复旦大学,也留下了相当好的印象。我今天讲座的内容由两个部分组成:第一,讨论和说明我们为什么选择在洮河流域这个区域开展合作项目,其中包括我对于"技术"这一概念的部分想法。第二,初步介绍我们在洮河流域这几年来的田野考古成果。目前我们有一些初步的研究成果,但尚不能得出确切的结论。我希望在积累一定工作成果的基础上,再将理论上的概念和想法结合进来。我希望大家也能够多提出想法与意见。

一、介绍:技术变革与考古学

在我讨论"技术"这一单词时,可能还需要参考我的中文笔记,因为我还没有完全想清楚,要如何把这一概念用中文表述清楚。除了语言困难外,也有一部分原因是该概念本身十分复杂,还有一部分内容我并没有完全弄清楚,因此,要把它翻译成中文就更加困难。我会尽量先用中文讲,如果解释不清楚,那我再改成英文。但我也不确定即使用我的母语,是否就能把这一概念表达清楚,因为这一概念本身就比较枯燥且难以理解。

我对"技术和生产"这个领域十分感兴趣。我最初在中国参加发掘是在读博士期间,那时,我参加了三峡的田野发掘。后来,我又参加了四川省考古研究院和北京大学合作的中坝遗址发掘项目。基于这两个项目,我写了两本书。一本是 *Salt Production and Social Hierarchy in Ancient China*,该书主要是关于中坝遗址生产组织的研究;另一本是 *Ancient Central China*,这是我与台湾大学的陈伯祯老师合著的,主要是关于长江中游地区比较大范围内的历时性消费变化的研究。这两本书都涉及了三峡地区的生产变化,特别是新石器时代到青铜时代在生产组织方面的演变。以中坝遗址的田野考古和生产研究为契机,我逐渐将"生产和技术"这一内容作为我研究的中心。

关于"技术"是什么,这是一个基本的问题。即使是在英文中,这个单词也有几层不同的含义。因此,对"技术"做一个全面的定义极其重要。我认为最贴切的一个定义是由研究印加文化纺织品生产的学者卡丽·布雷津(Carrie J. Brezine)提出的。他主要研究西班牙殖民后南美洲文化发生的变化及其相应的技术变革。他将"技术"定义为"将物质资源、抽象与实践的知识、社会与政治关系,以及文化信仰交互转化的一套实践的系统"(Brenzine 2011:82)。这个定义有几个比较重要的含义:一是关于实践的系统。技术是一个实践,不仅仅是怎么做东西,而是跟物质有关的比较全面的实践系统。因此,在考虑这个实践系统的时候,不能只考虑到物质的转化,也要考虑到知识的转化,考虑到社会和军事的关系、信仰文化等。所以我们研究技术,要把他看成一个复杂的问题。二是从另外一个角度来看,我们可以把技术比喻成化学。技术的实践系统包含着物质的成分、物质的结构、物质的形状、物质的转化等,并且这些特点与社会、经济紧密相关。这个化学的比喻来自于经济学家布赖恩·阿瑟(Brian Arthur)的著作——*Nature of Technology*。在阿瑟的书中,他提到了跟"技术"这个概念相关的几个问题。其中的一个问题是,在英文中,"technology"这个单词代表着几个不同层面的含义,其中最基本的一层概念指的是单一的技术。单一的概念就是指一个过程(process),或一个装置(device)、一个东西、一个系统。这个概念代表的系统是一个孤立的技术。也就是说,在这层含义上,"技术"代表的是单一(singular)的技术过程。英语中"technology"的第二个层面指的是复合(plural)的技术,它由多种技术组合在一起(assemblage of components)。譬如,另外一个单词 pyrotechnology(熔融技术),也就是和火有关的技术。熔融技术不只是一个东西、一个装置,而是一整套技术,包括理论、方法、成果都捆绑在了一起。第三个层面，是更一般（general）的定义，是所有技术的总和（composite collection）。另外，我们平时常说的，"人之所以为人，是因为有了技术"（humans are humans, because they have technology），这里也用了"技术"这个词，但其逻辑意义是完全不同的。所以，如果我们同意阿瑟对于"technology"——"技术"这个单词不同层面的定义，那我们要怎么用这个单词的概念来考虑其他的问题呢？一个回答是，我们就应该用"技术"来代表其中一个层面的意义，而另外两个层面的意义应该寻找其他的单词来代替。另外，也有人觉得单用"技术"这一个词指代这三层含义，是有其意义的，而且是应该这样做的，因为单一的技术、复合的技术有相似的特点，符合逻辑关系。这几个相似的特点包括三个部分：第一，不管是单一的还是复合的或者一般的技术，都有成分结合的特点。不管是什么样的技术，它都由不同的技术、不同的成分结合在一起，这一结合的过程是所有不同技术都普遍存在的情况。第二，结合的成分均有所不同，也是一个特点。第三，技术和自然现象紧密相连。如果没有自然的现象，就不能发展出一个技术，同时技术的发生与发展也体现在自然现象的变化上。比如农业，如果我们从技术的角度来考虑农业的话，那么不管是动物的驯化，还是植物的驯化，这个技术的发展过程是靠自然现象来呈现的。而且农业也不只有和动物或植物相关的特点，它也依靠工具等，利用不同的方式管理景观等。所以，我们研究技术时，不仅要从考古学、历史学方面来考虑，现代的技术学，作为一门学科，也是需要考虑的方向。

在开始谈考古资料之前，我想先阐明的是，当我们通过考古学来研究技术时，我们不能只研究到单个技术的情况，而是还要囊括技术的变化及其历时性的变革。我们考虑技术变革的时候，也可以参考布赖恩·阿瑟（Brian Arthur）所提到的内容。他提到，研究技术变化有几个情况需要考虑，一个是偶发性事件（chance events），另一个是想到一个问题，从而有意识地去主动解决这个问题的过程（problem solving）。第三是路径依赖（path dependence），指的是依靠已经存在的某些技术解决问题。累积成习（cumulative prevalence）和锁定（lock‑in）这两个概念，就和路径依赖有关。

所以，在考古学里我们要怎样研究技术呢？当然，最基本的方式是从物质研究着手。物质资料包括陶器、铜器等，这些都和熔融技术（pyrotechnology）这一复合技术有关，但同时也是单独的技术，有自己的来源，也要考虑到它们独立的变化过程。要研究农业的话，也是类似的，我们要根据物质的情况，找到它们从早到晚的变化。而且不止要考虑结合成分的情况，也要考虑自然现象，不同的技术是怎样体现在自然现象上的。我们研究的时候要考虑在某一个时代、某一个文化里面的某一个地区的自然现象。

近年来，我一直关注中国西北地区的技术演变问题。从历史背景来看，西北地区在历史时期已有了东西方的交流。通过丝绸之路，不同地区的技术从一个地方传到另外一个地方，不同地方的技术也会影响到其他地方的技术。交换是历史时期的重要现象。早在十几年前，就有研究者关注到该区域在更早的时期就有了类似的现象，也就是我们今天所说的"前丝绸之路"或"早期丝绸之路"。今天我们看到的不止是历史时期的丝绸之路，也包括欧亚草原北边的丝绸之路和南丝绸之路，以及通过青藏高原的茶马古道等。同一地区的早期技术交换、东西交流也可能有着截然不同的情况。要进一步研究交流的情况、技术变革的情况，就不仅需要了解大区域的情况，更重要的是聚焦小区域，研究新的技术在某个小地区、某一特定时段中是如何形成的。我在洮河流域的研究就是这样做的。下面，我会首先介绍我们对大区域的一些基本认识。然后，我会介绍其中一个小区域。因为要深入了解技术的变化，就应该以小区域为着眼点。我选择的小区域是欧亚草原北边的丝绸之路和南丝绸之路交界的地方，即甘肃省南部的洮河流域。这个区域十分重要，主要体现在两个方面：第一，它位于东西交流的中枢；第二，当地有丰富的考古学遗存和考古学探索。

二、研究区域：中西交流视角下的洮河流域

我个人对该区域感兴趣，是因为在开始甘肃的研究之前，我主要在四川和重庆做研究。我起初参与了三峡中坝遗址的研究。中坝遗址发掘之后，我又在成都平原做了六年的考古调查。在这六年的考古调查过程中，我了解到，虽然成都平原找到了新石器时代晚期的资料，但和四川成都平原有关的更早的考古文化发源于更北边的岷江上游。于是，我的研究兴趣逐渐往北转向。2011年，我有机会跟北大的李水城老师、甘肃省文物考古研究所的王辉所长做了一个很充分的调查，从兰州一直到成都平原，看到了沿线的各个遗

址。在地图上可以清楚地看到,这些遗址分别分布在洮河流域上、中、下游。洮河是黄河上一支从南向北的支流,从西北地区往南的南丝绸之路也要通过该区域。在史前,这个地区十分重要。

在考古学史上,洮河流域是一个重要的地方。科学的考古学一开始进入中国的时候,研究的就是洮河流域。安特生发现渑池的仰韶遗址之后,推测仰韶文化和西亚的史前文化有关系,他觉得自己应该继续往西去寻找材料来证明这两地是否存在某种直接关系。他听说甘肃也有彩陶,而且这个彩陶可能和仰韶相关,所以去了甘肃。当时,他到了兰州以后,继续往南走,到洮河流域寻找彩陶。另外,安特生也是地质学家,他对黄土的起源很感兴趣,而洮河流域同时也有很清楚的黄土层的地质资料。在洮河时,他做了一个小规模的试掘,并且收购了一些当地老百姓采集到的出土文物。他依据那次在洮河流域采集的陶器,定义了我们西北地区大部分文化遗址的名字,包括:马家窑、半山、马厂、齐家、辛店和寺洼。这些都是洮河流域的重要文化遗址。

除了寺洼文化的陶片外,其他的彩陶陶片都是安特生采集、买入、发掘来的。当时他把齐家文化放在时间序列的最前面,他觉得齐家文化最早,甚至比仰韶文化还要早。齐家文化之后是仰韶、马家窑、半山、马厂、辛店等几个文化。现在,我们认识到,齐家的彩陶文化并不是最早的,它在马家窑、马厂和辛店文化之间。他当时认为齐家文化最早主要基于两个原因:第一,在齐家坪遗址,也就是齐家文化的命名地,他做了一个小范围的发掘。发掘的过程中,他在下层地层发现的都是素面、单一的陶罐。他觉得,素面的陶器比彩陶原始。第二,素面的齐家文化陶器在底部地层,在地表上却发现了少量的彩陶。所以从地层学来看,那些在下面地层的东西应该比上面地层的东西早。第三,在发掘齐家坪的时候,并没有发现青铜器(后来其他研究者在另外的地方发现了齐家文化的青铜器),所以他觉得这个齐家文化应该是其中最早的一个。

我们现在知道,齐家文化在这个区域还是存在比较多的冶金材料。比如位于洮河流域齐家文化的磨沟遗址,出土有较多的小型青铜装饰品和武器。磨沟遗址是一个较大规模的墓地,占地几千亩,其中有1 500多座墓葬共埋葬了超过5 000人,部分是一次葬,部分是二次葬、多次葬。墓地之中不只有大量的人骨,还出土了青铜器、陶器等。磨沟遗址有很多的材料,可惜的是,大部分都还没有发表。我们只有等到磨沟资料发表后，才能了解到这一群人到底从哪里来、吃什么样的东西等问题。磨沟的材料是一批非常重要的资料，其中一部分与冶金有关，能帮助我们证明这个大区域内的某些地方是否从公元前 2300 年左右便开始制作铜器。目前，该地区最早的冶金材料发表于 2009 年（Dodson, John R., Xiaoqiang Li, Ming Ji, Keliang Zhao, Xinying Zhou and Vladimir Levchenko（2009）. Early bronze in two Holocene archaeological sites in Gansu, NW China. *Quaternary Research* 72: 309 - 314），文章提到位于河西走廊上的火石梁等遗址发现了制铜的证据。西北地区的制铜工艺是证明东西方技术交流现象的关键材料之一。一般认为，西北地区的青铜器可能是从中亚传来，再从西北地区传入中原地区。西北地区和中原地区的关系可以体现在青铜器上。中原地区的二里头文化、西北地区的齐家文化都使用同一类技术来做青铜器铜牌，说明了西北地区和中原地区的关系。在齐家遗址中曾发现了一个青铜牌饰，跟二里头遗址发现的青铜牌饰十分相似。当地人说有好几个地方都出现过类似的东西。我看到当地人采集的这个东西在古玩市场售卖，它的真伪无从判断。据说这个区域有不少类似的东西，老百姓耕地的时候偶尔会发现。如果这类铜牌是真的话，说明了中原地区和西北地区在青铜器方面可能有着更紧密的联系。后来中原地区的青铜器逐渐成为与文明起源相关的重要因素。

另外一个最能代表前丝绸之路时代东西方技术交流的变革与农业技术有关。其中最为重要的，我认为是大麦、小麦传入西北地区的过程。植物考古学家利用浮选等方法采集资料，发现西北地区从公元前 2000 年以前就开始有少量的大麦、小麦存在。但是，在 1 000 多年的时间里，大麦和小麦并没有担任重要的角色，只是偶尔出现的一类作物。从当地人开始学习这个技术，到逐渐将它们作为重要的食物来源，其中涉及的技术变革值得我们考虑。

动物考古学也在研究与农业有关的技术变革。动物考古学的资料显示，大区域的东西方交流包括了绵羊和山羊、牛、马进入中国的证据，以及当地存在已在中原地区被驯化的猪和狗的证据。我特别提到马，是因为中国大陆的马的起源到现在为止还不甚清楚。从商代晚期的材料来看，商代的中原地区已经存在家养的马。但是在此之前，在哪些地方有家养的马，材料还十分少。然而，可以确定的是，马的驯化这一技术进入中原，对中国文明有比较大的影响。

和动物考古学有关的另一个技术是卜骨和占卜的宗教技术,这也是很有意思的一个课题,有助于梳理中国以及东亚与西方地区的东西方交流。从现有的资料来看,最早的卜骨发现在东北和西北这两个地区,后来才进入到中原地区。我和中国社会科学院考古研究所的李志鹏博士以及布朗大学的凯瑟琳·布伦森(Katherine Brunson)博士,最近合作做了一个资料库,把整个东亚的卜骨资料都集中起来,研究技术的变革,希望说明大区域范围内的技术变化状况。

最后,要讨论西北地区的技术,当然要提到陶器。陶器是我们划分时代、文化的最基本的资料。我们按照陶器来分辨仰韶文化和寺洼文化,用这种基本的方法来确定文化的分布范围。然后再利用这个资料,来推断从仰韶到马家窑、半山、马厂、齐家的文化面貌变化。我们把整个文化的分布范围画出来后,便能发现,其中虽然有一部分重要的技术(包括马、牛、羊、大麦、小麦等)似乎是从中亚或者西亚进入到中国,但是,伴随着这最基本的文化技术传播的同时,我们没有证据显示人群从西到东的变化。况且牛、羊、马、大麦、小麦等进入东亚的时间也不一样。所以,这些东西进入中国的模式完全不像是一群人骑着马,把吃的牛羊肉、大麦、小麦、他们掌握的冶金技术带入中国。技术传播这一过程十分复杂,能够证明其复杂性的重要资料就是陶器技术。

以上,我简要介绍了这一大区域内技术变化的基本情况。要透彻剖析技术变革过程的复杂性,我们还需要考虑到当地人群对技术的接受过程,也就是从小区域开始的逐步接受的过程。下面,我将以洮河流域为例来进行讨论。

三、研究成果:方法与发现

洮河流域的考古工作开展得很早,考古资料比较丰富。在最近的三次文物普查资料之中,共记录发现了581个考古遗址。这一区域还未做过系统的考古调查,就已经有这么多的遗址了。所以,我们开始做这个项目的第一件事,是先在这500多个遗址之中选择可以进行详细、系统研究的遗址。从卫星照片中可以看到这500多个遗址的位置。我们花了两年的时间去做局部的地表调查,考察了五十几个遗址的地表情况和保存情况,来判断是否适合开展更深入的研究,包括能否做遥感之类的调查研究。我们希望在不同的支流区域找到几个遗址,进行比较,并且在不同的遗址之中选择同样的遗迹单位,方便研究过程的比较。应用地球物理遥感方法,可以帮助我们在不同的地方选择相同的遗迹。在完成全部调查之后,我们选择了其中 24 个遗址做更详细的研究。

今天,我将以齐家坪遗址为案例,向大家介绍我们的研究。齐家坪遗址属于齐家文化,是这个区域保存较好的聚落遗址,安特生也曾在那里做过发掘。在 500 多个遗址中,大部分是墓地遗址,但是我们仍然选择了聚落遗址,希望可以了解生活的各个方面。

齐家坪遗址位于较平坦的台地上,现在大部分是农田。齐家坪遗址的优势在于:第一,遗址范围较大;第二,此前已经对该遗址有一定的工作基础。甘肃省文物考古研究所为了建设遗址公园,曾在这里做了系统的钻探工作,基本确定了遗址的范围。遗址大致可分为北边的居住区和南边的墓葬、生产区。从 2013 年开始,我们对整个遗址做了详细的地表调查,包括用 RTK 做地形图。十年前,一个陕西的考古公司曾在此地做过钻探,但他们的地形图和他们的资料完全对不上,所以我们必须重新制作地形图。新的地形图将有助于我们做系统调查时使用。我们的调查具体使用了两种方法,针对不同遗址选用不同的方法。在陶片密集的区域上,我们使用的是拉线法,即在固定的 10 平方米的范围内,画一个系统的网格来认定陶片采集点。而在地表陶片不密集的区域,我们对农田上所有的可见陶片都进行采集。在齐家坪遗址,我们使用了第二个方法。我们首先用 GPS 确定了采集区域的范围,再按照范围的大小和采集陶片的数量绘制成密度图。其中有部分地区因为是现代村落,我们无法进行资料的采集,但是从总体分布来看,可以明显地分辨出北边的聚落区和南边的墓葬、生产区。

在地表调查的过程中,我们也做了地球物理的研究。我们在钻探的时候发现有可能是窑址的遗迹。1975 年调查的时候,也发掘过这个区域,但至今资料还没有发表。该地区还发现过铜镜和一部分代表齐家文化的陶器。为了确认是否存在窑址,我们用了地磁勘探来研究该区域的地下情况。地磁勘探是一种遥感方法,在考古资料没有埋藏太深的情况下,基本在 1 米以内的黄土地区,用地磁勘探的方法十分有效。地磁勘探的原理是每个地点的磁力不同,测磁力的仪器会测量到地球的磁力在不同地点的数值,然后通过计算显示出地下磁力的强弱。如果地下有石质的墙,一般而言,该地的磁力便会减弱。如果是沟或者是灰坑,那么它们的磁力会稍微强一点。烧过的遗物的磁力是最强的,比如砖。所以,依据不同的磁力强度,就可以推断地下有什么样的东西。地磁勘探的调查已经在很多地方进行过,非常有效。我们曾用地球物理勘探的方法在四川盆地做过调查并发现了窑址、房子等遗迹。黄土区域的地理环境比四川盆地更适合进行地球物理勘探的调查。

在齐家坪遗址我们发现了比较清楚的强磁力标记,我们推测这种强磁力的结果可能反映了火烧的范围。我们随后在其中一个磁力较强的地方进行了小规模的发掘,结果正好发现了一个窑址(QJPY1)。发现它的时候,我很高兴,一是证明这个方法可以有效地找到遗迹,二是齐家文化很少有窑址的发现。这个窑址的保存状况十分良好,墙体、烟道都在。但形制完全不像齐家文化的样式。后来我们才发现,这其实不是齐家文化的窑址,而是宋代的窑址。因为这个区域从未发现过宋代的窑,所以这也是一项重要发现。窑址的中间是空的,也就是说人们废弃它的时候窑址垮了,之后才逐渐被被土掩埋起来。然而,那三个烟道,被当时的人丢满了垃圾,垃圾中并没有多少陶片,大部分是骨头,比如马骨。中间的烟道里还有一个石祖,刚好放在正中间。这个石祖的具体作用不清楚。

在灰嘴匝遗址我们也做了类似的工作,利用地球物理遥感的方法,获得了不少发现。地磁探测的结果清楚地表明了该地存在有与生活相关的遗迹现象。我们去年进行发掘的探方中,发现了两个有打破关系的灰坑,里面包括不少齐家文化的陶片和动物遗存。这些骨头有的是家养动物猪、羊、牛的,有的是鸟类的,还有两块卜骨,位于灰坑的最底部。植物遗存包括了黍、粟、小麦、大麦、野生草等。这些材料都为我们提供了研究齐家文化农业技术的各方面的资料。

我们还对齐家文化以外的遗址进行了研究,在更晚的辛店文化遗址,更早的马家窑、半山、马厂遗址中都应用了类似的研究方法。其中有一处晚期的辛店文化遗址,在该处遗址,安特生和夏鼐都曾做过研究。该遗址地表陶片十分明显,我们采用拉线法调查来确定其密度。在进行了磁力仪的勘探之后,今年我们做了小规模的发掘,发现了大量的陶片和动物骨头。在更早的大崖头遗址,我们也进行了调查,绘制了密度图、地磁反应图等。明年(2018

年)夏天我们会对该遗址进行试掘,并将其与齐家坪遗址进行比较。寺洼山也在我们考虑发掘的遗址之中。寺洼山是寺洼文化的命名地,它比齐家文化略晚,相当于辛店文化时期。但是寺洼山遗址的资料大部分是马家窑文化时期的。过去试掘的时候,考古人员认为发掘探沟的两边是寺洼文化墓地,但大范围主要由马家窑文化的遗存组成。我们对这条沟也做了一部分调查,工作仍在持续。从山崖的剖面看,该遗址有很厚的文化层和袋形坑。但可惜的是,为了盖一个私人的遗址博物馆,这片剖面被挖土机破坏了。

四、结语

我的田野工作基本就是以上这些内容。我们在工作的过程中,引进了一些新的技术,比如地球物理遥感的地磁勘探法等来做考古调查和研究,从而广泛地采集资料,阐明我们对技术变革这个概念的看法。在2015年的时候,我们还举办了一个培训班,培训如何使用这些地球物理方法和GIS。我们采集的大部分资料都用GIS资料库来作整理,并不断完善。我们还需要利用这些新方法、新手段在属于不同时代、不同区域的遗址中进行同样方法的资料采集,之后才能正式地开始研究史前技术的变革情况。因此,我们还有许多田野工作和室内整理工作需要开展。

我的演讲就到这里,感谢大家聆听,谢谢。

科技考古能拯救世界吗?

基斯·多布尼(Keith Dobney)　利物浦大学考古学系

各位复旦的师生大家好。十分感谢诸位老师,尤其是袁靖教授邀请我来复旦访问。袁靖教授是我多年的朋友。我感到非常荣幸能来到中国,来到中国最好的大学之一——复旦大学,并十分欣喜地看到科技考古也成为了复旦文物与博物馆学系注重发展的方向之一。很抱歉,我不会说普通话或是上海话,所以我的演讲只能用英语进行,我会尽量放慢语速,如果在讲座过程中各位有不理解的地方,请随时提出。

一、考古学:研究过去与现在

当开始策划这次讲座时,袁靖教授曾询问我讲座的标题。我绞尽脑汁、思忖了很久。最终,考虑到复旦的科技考古研究院刚刚成立,我觉得十分有必要讲一讲那些看似微小实则可以拯救世界的话题。"科技考古能拯救世界吗?"这个题目乍看似乎可笑,但我希望在讲座的最后,各位能渐渐发现考古学以及科技考古与拯救世界之间千丝万缕的关联,尤其是认识到当我们把最新的科学技术应用到考古中时,我们不仅是为了理解过去,也是为了更好地理解当下和未来。考古学家需要了解过去,但我们也有责任让大家知晓考古学所拥有的数据和材料是多么重要,它们足以帮助解决当代社会中的重大问题。

很久之前,我曾以为作为考古学家,我只需要研究过去就够了,我的数据也只和考古学有关。1994年的某一天,却成了我转变想法的一个契机,那一天英国电视上报道了一条新闻——"名驹头骨重见天日"。这一事件中国听众可能不太熟悉。在欧洲有一匹家喻户晓的爱尔兰赛马，名叫"识价"（Shergar），它曾在英国和欧洲的多次比赛中获得优胜。然而有一天，爱尔兰共和军绑架了这匹马，要求换取赎金。但赎金从未被支付，识价也就此消失不见，一切渐渐归于沉寂。这一事件还被改编成电影，并大获成功。就在绑架事件的十年后，新闻里忽然报道了关于识价的最新消息：一个爱尔兰当地农民在自家田地里发现了一个动物头骨，头骨裹在袋子里，其上还有两个枪眼。媒体们竞相报道，纷纷猜测这一头骨就是爱尔兰共和军杀害的识价的遗骸。为了验证猜测，头骨被送往都柏林有名的兽医学校进行鉴定。可惜，该校的一位马类生物学教授声称，这匹马太年轻了，与识价的年龄不符。其他的诸多测试也未能解开识价绑架事件的重重谜团。而此刻，坐在电视机前的我实在按捺不住了，不禁对着电视机大喊："这根本不是马，这是一头牛的头骨！"

　　这一事件让我开始思考动物考古与当代社会之间的关联。作为一名动物考古学者，我至少能够辨别牛和马，这就是考古学与当下社会紧密相连的证明，考古学和动物考古学也能融入当下社会的讨论。而直到二三十年之后，我才意识到，除此之外，考古学还拥有更为广阔的图景。电视、报纸、各类媒体每天都在争相报道气候变化、动物灭绝、环境保护、农业、城市和资源的可持续性、人类与动物的健康和疾病。这些都是当下十分重要的问题，众多的研究者们都在研究这些问题，尝试去理解这些问题，并且利用他们手中的资料去作出决策，包括科学方面和政策、政治方面的。

　　同样，在考古学和文化遗产领域，在这个我们所研究的领域，也存在着关系当下的重大问题。这些重大问题拥有各自的历史而非凭空出现，人类面对这些问题亦有千百年的历史。这段历史中便有我们可探究的故事。

　　科技考古和古生物学提供了大量的、种类繁多的信息，包括人类遗骸、动物遗骸、微生物、寄生虫和其他传播疾病的动物等。此外，考古学还出土了大量植物遗存、乳制品遗存等。我们从考古中获取了这些材料，并且在过去的三四十年里不断尝试利用新的科学手段来探索它们。在我和袁靖教授都还年轻时，科技考古、动物考古还是一个新兴的学科。在那时，我们刚刚起步，开始鉴定和测量骨骼，并围绕它们开展一些有趣的探讨。但对于那些关于健康和生计的细节问题,在当时只能通过非常传统的手段去探索,结果当然不尽如人意。

那时已经有学者开始思考考古资料和生物考古资料不能仅局限于用来理解过去的问题。李·莱曼(Lee Lyman)是著名的美国动物考古学家,他用过去的动物骨骼和环境数据来审视当代生物保护领域问题的想法独具慧眼。除了莱曼,还有许多学者陆续出版了书籍、发表了文章,在生态保护、物种灭绝、气候变化的背景下审视考古和生物考古的材料,尽管这部分人仍不占多数。

考古学对当代的动物保护意义非凡。比如,人们想要再引入或保护某个物种,那就必须弄清该物种的历史。然而多数动物保护机构在考虑引进动物时往往忽略了考古材料,而只是着眼于近二三十年,最多也就是过去五十年的材料。以英国黑琴鸡的引进为例,相关鸟类保护机构在近年的数据中发现黑琴鸡生活在高地沼泽上,于是,他们认定应在高沼再引入黑琴鸡。但是通过考古材料,我们在海拔更低的地方(例如低地、农田)发现了黑琴鸡的遗存。和许多其他的物种一样,黑琴鸡退居高地可能是农业革命以后人类农田、城镇扩张的结果。而基于这种错误理解的保护方式显然也会成为一个错误。

二、饮食健康:历史原因与当代问题

为了使考古研究参与到现代热点问题的讨论中并开拓更广阔的图景,我本人也参与了相关的研究。这些案例大多与健康和疾病有关,是利用考古记录来探索人类健康和动物健康与疾病进化的历史及其对当下的影响。

我关注的第一个问题是饮食。

人类饮食的演变从250万年前开始,而最近1万年的变化才体现出其与现代社会健康问题的直接关联。从我儿时起,人类的健康问题便逐渐凸显出来,尤其在西方,肥胖及肥胖所引起的相关疾病(如糖尿病、心脏病)变得十分普遍,成为人们忧虑的健康隐患。诚然,可见的饮食变化及其后果是近来才出现的,但这一演进的过程及其发展趋势绝不是最近20年、30年、100年或200年才发生的,而是在1 000年、5 000年,甚至1万年、2万年前,或更久以前就发生的。因此,解决这一当代问题的根源在于过去。

考古学家可以通过多种途径来了解人类吃了什么。考古学的间接证据包括人类使用过的工具、盛用食物的陶器；我们追问人类如何狩猎、如何宰杀动物，对灵长类动物和现代狩猎采集者们的观察也丰富着我们的认知。考古学的直接证据包括动植物遗存、骨骼中提取的化学成分等，这些有助于我们了解人们吃了什么、怎么吃的。

现在生物分子技术还能探测到更多、更详尽的信息。在过去，有关尼安德特人的同位素研究已发现，尼安德特人的蛋白质摄入量非常高，而这些蛋白质主要来自肉类，因此，尼安德特人可能是位于食物链顶端的捕食者。然而同位素的数据虽然表明了一部分重要的信息，但其结果仍然相当笼统，它只告诉了我们人类是否食用了肉类、是否摄入了鱼类以及鱼类是海洋资源还是淡水资源，却并不能精确地鉴别出摄入食物的物种。尽管如此，同位素研究还是帮助我们辨别出了旧石器时代晚期至中石器时代早期狩猎采集向农业的转型。从进化的历史来看，这是一次非常重要的改变。

距今1万年左右，人类进化史上发生了重大的生计变化——农业起源。在欧亚大陆的西端，农业作物以大麦和小麦为主。在东方，包括中国在内的东亚，农业基础是水稻和小米。尽管作物种类不同，但两者都提供了大量的碳水化合物。与此同时，人们开始驯化动物。在中国和欧亚大陆，人们驯化了猪；在西亚，人们驯化了山羊、绵羊和牛。而到了新石器时代晚期、青铜器时代早期，这些畜牧动物从西方引入东方，开始了复杂的动、植物交换过程。每一个动物都有其复杂的历史，在此不便一一赘述。关键是距今1万年是一个重要的时间节点。那时，农业开始发展了，也是在那时，气候变得相对稳定。我们理所当然地认为人类文明只能存在于这样一个稳定、温和的环境之中。

此后，我们的饮食也随之改变。人类饮食中的碳水化合物比例从原先的30%增长到70%以上，这必然对人类的健康造成了显著影响，其影响程度足以称得上是一场革命。谷物、乳制品在人类食谱中的比重逐渐增加。此外，因为驯化动物比野生动物富含更多脂肪，我们食用的肉类脂肪含量也提高不少。碳水化合物代替肉类蛋白成为人类摄入饮食的主要成分。虽然全球的饮食变化都遵循这一趋势，但其实东方、西方和美洲仍存在着物种选择上的具体差异，不同类型的碳水化合物和家畜组合影响着不同的人群。这是一个有趣却仍未得到深入探究的话题。

三、古微生物 DNA 研究：新的方向

农业的起源带来急剧的饮食变化。这对人类的健康、生理机制乃至我们的进化都可以说是巨大而突然的改变。在这一大背景下，我们来看最新的科技手段将如何告诉我们当人类的饮食和健康变化时，到底具体发生了什么。

要讨论这个问题，一种常常在人类遗骸上发现的材料是关键。这种材料在在座各位的牙齿上都有，并且是我们去看牙医时，牙医首先需要刮除的。它们是食物残渣和口腔细菌，因为某些原因，它们长时间停留在口腔中，逐渐钙化，变成类似石头的坚硬物质，从而得以在考古遗址中保存下来，它们就是牙结石。

牙结石由口腔中的细菌和一部分食物残渣组成。在我刚开始从事考古研究的 20 世纪 80 年代，我便有幸与英国著名体质人类学家布罗斯维尔（Don Brothwell）教授一起参与了一项牙结石的研究。为了观察考古遗址出土的牙结石中究竟含有哪些东西，我们简单地用酸将牙结石脱钙，然后把得到的物质放在显微镜下观察。我们发现了大量的无法鉴定种属的食物残渣，包括植物组织、动物毛发、花粉颗粒，还有很多我们无法鉴定的物质。这一发现在 20 世纪 80 年代十分令人激动，因为在如此微小的样本中，我们竟然看到了大量的可能来自人类摄入食物的物质。

当我们进一步在扫描电镜下增加放大倍数再来观察牙结石样本时，我们还发现了可能是生活在人类口腔中的细菌的钙化外壳。人体内存在着庞大的细菌生态系统，它们维持着人类的生命运作，帮助人类消化某些特定的食物，每一种细菌都有独一无二的作用。它们与人类共同进化，是人类进化史不可分割的一部分。当我们在 20 世纪 80 年代突然意识到这些细菌竟然存在于牙结石之中时，我们便开始思考和尝试，如何鉴别这些细菌以及如何提高鉴别它们的技术。如此，我们便能通过从牙结石中保留下的细菌来探索这一生态系统，了解这些细菌指示的疾病和病原体，并从时间和空间的角度梳理细菌的进化史。

这些设想在 20 世纪 80 年代显得天马行空、不切实际。直到过去的十年，

现代医学才逐渐开始关注这些微生物以及它们在人体中的生态系统。人们意识到，人体中的细菌数量比人体细胞的数量还多，它们有各自的生态系统，有各自的DNA，在上百万年间与人类和其他生物体协同进化，并且与一些严重的疾病（包括心脏病、癌症、各类传染病、抑郁症及焦虑症）息息相关。一旦认识到这些微生物与健康有着直接的关联，世界各地政府便加大了医学研究的投入资金，积极开展国际合作。如今，几乎每周全球各地都有实验室鉴定出新的微生物种类，每个月《自然》（Nature）上都会发表和微生物相关的文章。微生物研究正处在了解人类健康的最前沿。

另一个在过去十年间突飞猛进的领域就是古DNA的研究。基因研究的技术和手段在现代科学中发生了天翻地覆的变化，同时也为考古学界带去了福音。回到20世纪80年代牙结石研究的案例中，如果我们现在重新检测这些样本，那么我们一定能够提取出更多细节，包括细菌的种类、数量、组合等信息。

为达到这一目的，我们的研究团队尝试选取了一些早期牙结石标本（新石器和中石器时代），对其进行古DNA分析。在澳大利亚阿德莱德大学的劳拉·薇瑞彻（Laura Weyrich）博士和阿兰·库柏（Alan Cooper）教授的倾力协助下，我们在比利时和西班牙的尼安德特人样本中发现了许多不同食物、不同生物体的DNA，包括野生绵羊的和猛犸象的。有趣的是，我们在比利时的尼安德特人牙结石中检测出了猛犸象的DNA，然而遗址中并没有猛犸象的遗存。除了肉类DNA，我们还发现了植物（如松子、树皮）的DNA，其中一些植物现在被当地人用于治疗疾病。牙结石中还有常常在腐坏的水果和奶酪中找到的真菌和霉菌。从地域上来看，比利时的尼安德特人饮食中包含许多肉类，而在西班牙的尼安德特人样本中却只有植物的DNA。更有意思的是，我们发现了一种特殊的细菌是从尼安德特人身上传给现代人的。在一些媒体的报道上，这种传递方式被渲染成通过亲吻传递，其实，通过分享食物也是可以传递的。在一个患有严重的牙齿脓肿的尼安德特人牙结石中我们检测到了白杨树的DNA。白杨树树皮的主要成分是水杨酸，而水杨酸是阿司匹林的主要成分，有显著的止痛作用。因此我们推测，这个尼安德特人清楚地知道某些特定植物的药用功效，正在利用植物进行着治疗。在同一个个体上，我们还发现了肠道寄生虫的DNA，这种寄生虫会导致严重的胃痛和腹泻。这个尼安德特人似乎疾病缠身,他不仅有牙齿脓肿,还有胃病,但同时他也在积极地进行缓解或治疗。

上述这些发现,我们都发表在了《自然》上。我们急于与大家分享这些成果,使大家看到古代微生物组研究的广阔前景。

当然,对当代数据的研究也不能忽略。通过现代的数据我们得知,一只黑猩猩口腔内的细菌和布拉德·皮特或是这个房间内任何一位口腔内的不可能完全一样,因为我们的饮食不尽相同,饮食的进化史也大相径庭。现代数据如此,过去又是怎样的呢?已有的研究已经显示,不同人群的口腔细菌南辕北辙。我们检测了现代黑猩猩的牙结石、尼安德特人和现代人的牙结石、当代南非和新石器时代欧洲狩猎采集者的牙结石,以及德国、中东新石器时代农业人群和当代农业人群的牙结石,结果表明,它们之间无不存在着巨大的差异(图1)。

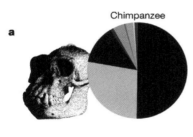

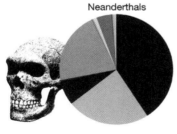

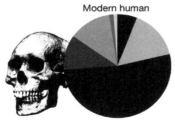

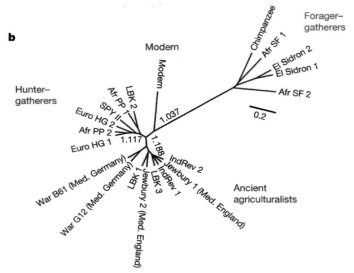

图1 黑猩猩、尼安德特人、现代人口腔菌群组成对比(引用自 Weyrich, L, Sebastian Duchene, Julien Soubrier, Luis Arriola, Bastien Llamas, James Breen, Alan G Morris, Kurt W Alt, et al. 2017. Neaderthal behaviour, diet, and disease inferred from ancient DNA in dental calculus. *Nature* 544(7650):357–361, figure 2)

首先,从细菌种类的角度看,狩猎采集人群和尼安德特人的数据差异不大,与黑猩猩的数据也略微相似。到了新石器时代,人们开始食用小麦、大麦和家养动物,他们口腔内的细菌也发生了变化。再到了中世纪,人们仍以农业为主要生计方式,他们和新石器时代的农业人群有一部分相同的微生物组。而在现代人的样本中,由于糖分的过度摄入,我们看到了致龋细菌的大量存在。同时,当代人群口腔内细菌生态系统的多样性也是最差的。这些无不预示着当代人的健康状态十分堪忧。当然已有的研究以西方人群为对象展开,我们对中国人的饮食知之甚少,东西方饮食文化存在巨大差异,如若能进行对比,一定会呈现有趣的结果。

四、饮食变化与人类适应:两条进化之路

梳理饮食的这一变化过程使我们看到,当我们处在进化开端之时,我们的饮食结构和灵长类动物相似,以水果和坚果为主。随着人科动物进化出更

大尺寸的大脑、活动水平提高，我们通过狩猎或食腐开始摄入更多的肉类。尼安德特人和现代人的饮食来源则从陆地资源转向海洋资源。一旦进入了旧石器时代晚期，人类开始从事农业，开启了在过去一万年间饮食天翻地覆的变化。而在西方，随着工业革命的开始，人们开始大量使用精制面粉和精制糖，食谱变得十分局限。这一进化的趋势最终导致了现代健康问题的出现。

有人认为当今健康问题的出现和饮食突变与生理进化速率不符有关。也就是说，在过去的一万年间，当我们的饮食突然转向碳水化合物后，我们的身体并没有适应这一突变。甚至有人声称，即使身处这个工业化的时代，我们在生理上仍然是狩猎采集者，因此应该接受狩猎采集者的饮食结构。这一说法乍听十分夸张，实则值得深思。确实，饮食发生巨大变化的这一万年对于人类漫长的进化历史而言只是短暂的一瞬。事实证明，我们现在摄入的脂肪、纤维、各类微量元素与旧石器时代的人相比，存在着巨大差异。今天，当我们收到各类关于健康饮食的建议时，我们必须稍作思考，这些饮食建议往往只建立在现代数据上，一万年在人类进化的刻度上况且转瞬即逝，遑论100年甚至是50年的数据呢？这些饮食建议确实值得信赖并能够促进健康吗？这是值得深思的问题。

"节约基因型"（thrifty gene）假说很好地诠释了饮食变化和人类进化速率的不同步。在进化的过程中，一部分人群为了适应长期食物匮乏的状态，不断控制饮食，从而进化出了擅长存储脂肪和糖类的基因，以保证饥荒时期的个体幸存。节约基因往往在那些生活于资源稀缺的环境中的人群中发生频率更高。随着全球化浪潮的袭来，当西方的食物和饮食结构突然取代当地的传统饮食习惯时，这些基因过分吸收了高糖、高脂食物中的营养，无法适应饮食巨变，从而导致了严重的健康问题。于是，我们无奈地看到，波利尼西亚人的肥胖率高达70%，索诺兰沙漠生长的人群正面临疾病的困扰。这只能归咎于现代西方饮食的引入，归咎于现代饮食和进化历史之间的不匹配。

为了弥补这一饮食变化造成的健康问题，研究者们针对健康饮食的方法，纷纷发出了不同的声音。有人建议，我们需要回到旧石器时代的饮食，学习尼安德特人，吃更多的肉而不是粮食。这却与世界卫生组织对摄入过多脂肪的声讨背道而驰。当然，再一次，我们需要认识到，所有来自政府和世界卫生组织的饮食建议都只建立在现代的数据之上。近年来英国还十分流行阿特金斯饮食法(Atkins diet),建议人们摄入大量的肉类和脂肪。这当然引起了巨大的争议。我们总是常识性地认为健康的饮食结构应当以碳水化合物为主,佐以适量的糖和少许的肉类与脂肪。阿特金斯饮食法的提出挑战了已有的营养学认知,使得科学界出现了两个完全分裂的阵营,至今议论不断。

虽然现在营养学家还未重视考古学的证据,但我相信,如果加入了考古学对饮食演变的思考,我们对这一问题一定会有全新的认识。因为考古学家们已然意识到,当今在西方被称为"文明病"的大部分疾病(糖尿病、高血脂等)都和一万年前开始的饮食变化休戚相关。要从根源上解决当代的健康问题,唯一的方法就是通过研究考古学和人类学的材料,从不同角度切入当代健康问题的讨论。这也是为什么我产生了用考古学拯救世界的想法。至少,在健康方面,我们所掌握的一些证据至关重要。

五、科技考古能拯救世界吗?

除了人类的饮食健康外,动物的健康及其与人类的关系也是考古学、动物考古学裨益于现代社会的一个方面。我正在参与一项全球性的关注全非洲的人类和动物健康相关的合作项目。该研究团队以兽医和传染病研究者、人畜共患病专家为主,我主要负责剖析人和动物以及疾病之间的互动历史。研究团队的同事们第一次和考古学家合作,在合作的过程中他们逐渐意识到在规划非洲最贫穷地区的人与动物的健康决策时,考古学和动物考古学可能扮演着非同寻常的角色。尽管该项目的研究对象主体是现代人群的健康和疾病,但是现在,我们计划投入800万英镑的资金到考古研究上——特别是动物考古研究上——从而去尝试了解当地动物们的疾病历史,了解现在支撑着整个非洲经济的重要家畜的进化历史。

在我来中国之前的一周,我正在埃塞俄比亚开展这项艰巨的研究。我们要寻找两条证据,既是为了回答考古学的问题,又不仅仅是为了解决考古学的疑惑。

其一,关于现在当地重要的经济牲畜品种在整个非洲的驯化史、引进史和适应史。我们发现非洲当地的牛是现在非常重要的经济动物,它们能够从一些疾病中幸存,耐干旱、耐饥荒,比另一些欧洲和中国品种的牲畜存活率更高,十分适应干旱的埃塞俄比亚环境。这种牛似乎在全非洲存在了很久,但是它们源自哪里、何时出现在非洲,我们却不得而知。

我们正在做的就是运用考古资料来解决这些问题,剖析它们的进化历史,使人们更好地理解并运用它们的驯化机制。我们在遗址的岩画上发现了刻画着长有肉瘤和角的瘤牛图像。瘤牛来自印度,但它们是何时从东方来到非洲的,却无人知晓,也无法追溯,我们还没有动物考古学的证据。当地的家牛品种可能就是瘤牛与欧洲黄牛杂交的后代。为了证明这点,我们需要在埃塞俄比亚寻找这些品种的基因证据,从而判断它们起源的时间、地点,以及进化过程中的基因突变。

其二,我们正在寻找导致非洲家牛死亡的古疾病 DNA 证据。即使在今天的非洲,牛瘟和很多肠道疾病仍然十分常见。我们不清楚这些疾病从哪里来、何时出现,也不清楚在过去的岁月里它们的致命性、流行性是否有所变化。所以,我们需要从考古资料中复原它们。

科技考古研究恰恰能帮助解答上述两个问题。以非洲牛的品种为例,岩画保留了牛角的图像信息;关注基因研究,我们还能发掘牛的基因表型组信息;动物考古还能关注骨骼上的病变和进化。这些证据对考古学家而言弥足珍贵,同时也为兽医和传染病研究人员提供了信息。有了这部分信息,我们得以知道这些动物是如何生存的、哪些又适应得最好。或许在 10 年或 15 年之内,我们就能够像侏罗纪公园那样,在我们发现的考古资料基础上编码或重组这些动物基因。可见,考古学的资料无比重要,对考古学家如此,对医学专家、疾病学家、营养学家等其他领域的专家亦是如此。这也是为什么全球的博物馆都致力于保存考古资料,其中当然包括动物和人类遗存。人们已经认识到这些材料对缓解现代疾病和健康问题的作用,它们对预测人类未来发展方向也有着重要意义。

所以,我相信科技考古能够拯救世界。当然,这是一个开放的问题,考古学还在不断的发展过程中。谢谢大家。

相 关 文 档

编者按：《上海倡议》是立足中国考古现状，针对中国科技考古未来发展进程的再思考。会前，我们把《上海倡议》的草稿发给各位代表征求意见；会议召开期间，我们再次请各位代表审阅修订后的《上海倡议》，力求完善。原文已刊载在《中国文物报》2017年9月26日第二版，现将全文收录于此，是以为记。中国科技考古欣欣向荣的现状离不开半个多世纪学术探索的积淀，复旦大学的师生也积极投身于这项事业之中。我们梳理了复旦大学科技考古的发展历程并编撰成文，继往开来，以此自勉。《科技考古研究院规划》这份文件先后易稿十余次，经反复修改、不断充实，是复旦大学文物与博物馆学系多位老师的集体智慧和心血结晶。现全文刊出，以为科技考古研究院的工作指导，请大家敦促和指正。

上 海 倡 议

当前,考古学已经逐渐成为一门以人文社会科学研究思路为指导,广泛采用自然科学研究方法和技术的交叉学科。能否在考古学研究中更加广泛、有效地运用多种自然科学等相关学科的方法和技术,进一步推动学科的发展,已经成为21世纪衡量一个国家考古学研究水平的极为重要的标尺。

2017年9月23日,参加复旦大学科技考古研究院成立大会暨科技考古学术研讨会的与会人员,围绕中国科技考古的现状和未来进行了热烈的讨论,形成如下六点倡议:

一、科技考古是应用自然科学等相关学科的方法和技术开展考古学研究。其研究内涵可以概括为:以考古学的研究目标为指引,将考古学的研究问题作为导向,应用自然科学的研究方法和技术,对考古遗址及所在区域进行调查、勘探和取样,对出土的多种遗迹和遗物进行观察、鉴定、测试、分析和统计,多角度地获取有关古代人类活动的多种信息并进行深入解读和探讨,从整体上拓展考古学研究的领域,深化考古学研究的内容,提高考古学研究的科学性,提升考古学研究的历史科学价值。

二、科技考古要时刻聚焦考古问题。科技考古各个领域的研究人员要始终以考古学研究的总体目标为指导,紧密围绕考古学的重要问题进行探讨。在研究中要加强与田野考古人员的密切合作,既要坚持研究过程的科学性,更应充分认识到考古出土对象在形成过程中的复杂性,尤其应当认真观察和分辨研究对象的出土背景。科技考古研究人员逐渐介入田野考古发掘一线是今后的发展方向,科技考古逐步全面融入考古学研究之中是其发展的必由之路。

三、加强科技考古各个领域方法论的研究。"工欲善其事,必先利其器。"要进一步完善科技考古各个领域的田野采样方法和实验室测试技术,采样方法和实验室测试技术应与实现考古学的研究目的相适应。要注意制定样品采集和分析规范,也要围绕解决特定考古学问题的需要充实、调整相关技术与操作方法。与此同时,科技考古研究人员应关注现代科学技术的发展动向,积极学习和引入新的研究方法,拓宽科技考古的研究领域,深化科技考古的研究内容。

四、科技考古各个领域之间要加强合作和交流。人类的每一种物质文化都是由特定人群在一定时空范围内创造的,每个遗址都凝固着一段古代历史。科技考古研究人员在针对具体遗址出土的各类遗迹和遗物开展专门研究时,不仅要思考研究对象的历时性发展脉络,还要尽可能地从生态和文化系统整体出发,思考系统内各个部分的关联性和制约性。从多个角度探讨各部分在整个系统中的作用以及动因。加强科技考古各个领域之间的协调与合作,是全面复原历史的重要保证。

五、加强中国科技考古与国际学术界的交流。放眼世界,科技考古各个领域的研究方法和技术是相通的,各个领域面对的研究材料的属性是一致的,不因文化和地域差异而存在隔阂。国际科技考古领域的诸多前沿研究对我们深入开展中国科技考古的相关研究是十分有益的启示,我们要在加强国际合作研究的基础上,认真关注、思考和借鉴国外学者的思路、技术路线以及研究成果。同时,我们也应该在加强国际交流的过程中,把中国科技考古的最新成果推向世界,讲好中国故事。

六、强化科技考古课程和实践。要全面、系统地对考古专业的本科生和研究生讲授科技考古的思路、方法和实践案例,既要强调科技考古研究方法的科学性和独特性,更要始终突出考古学的研究目的和人文社会科学的本质属性。引导学生在田野考古发掘中实地认识研究资料的出土过程及采集方法,指导学生围绕考古遗址出土的遗迹和遗物开展科技考古各个领域的研究,培养更多从事科技考古研究的人员,培训和引导从事田野考古发掘和研究的人员掌握某项甚至多项科技考古技能,塑造一专多能的复合型人才,更好地适应中国考古学发展的需要。

复旦大学科技考古历史回顾

科技考古在复旦大学已经走过了四十年的发展历程,值此科技考古研究院成立之际,我们觉得有必要对这一历史进行回顾和总结,以期继往开来,砥砺前行。科技考古的核心是应用自然科学的知识、理论和方法来解读考古学材料中包含的信息,从而回答考古学关于人类社会的问题。本文主要针对考古材料信息解读的研究史进行回顾和梳理,为了尽可能清晰地展现发展的脉络,我们大致归纳了科研实践中的若干侧重点和发展模式,把它分成三个阶段来论述。

一、滥觞:古物分析与科技史研究

复旦大学的科研力量参与古代文物研究可追溯到上世纪 70 年代。1974—1976 年,出自原物理二系的国家科技功臣李郁芬(图 1)就对西汉的透光镜进行研究,揭示了古镜透光的机制,并首次复制成功,荣获 1978 年全国科学大会奖[①]。

1978 年,杨福家院士领导复旦大学静电加速器实验室与中科院上海原子核研究所(现名应用物理研究所)和北京钢铁学院(现名北京科技大学)的柯俊院士合作,用质子激发 X 射线荧光分析技术(PIXE)对越王勾践剑的剑饰和剑体做了分析[②](图 2)。结果表明,剑饰上的玻璃是一种钙钾硅酸盐玻璃,剑刃是铜、锡、铅合金,并经过硫化处理以防锈。20 世纪 80 年代初,复旦大学现代物理研究所用 PIXE 技术结合卢瑟福背散射(RBS)和核反应方法研究了秦

图 1　李郁芬教授（前排左三）

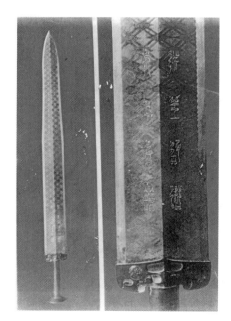

图 2　越王勾践剑

始皇兵马俑坑出土的青铜箭镞（图 3），结果表明，秦人已把铬化表面技术用于防腐处理[③]。20 世纪 90 年代，李政道先生访问复旦大学时，建议复旦大学把科技考古作为一个专门的研究方向发展起来[④]。

比这起步更早的是，中国科学院干福熹院士（图 4）早在 20 世纪 60 年代就开始尝试分析中国古代的玻璃质文物，至 20 世纪 70 年代末，已比较系统地就我国古代玻璃的起源问题进行探讨[⑤]，开创了一个崭新的研究领域。

古人类基因研究在复旦大学也是起步较早的一个领域。1989 年，复旦大学遗传学研究所设立了小型古 DNA 实验室，与上海自然博物馆联合对新疆哈密等地出土的青铜时代人骨线粒体 DNA 进行研究[⑥]。

图3 现代物理研究所测试的秦兵马俑箭簇

图4 干福熹院士

在数位院士级人物的倡导下,在一批锐意求新的前辈学者的践行中,复旦大学成为国内比较早地介入科技考古领域的高校。开创阶段的实践动力主要来自理科学者的自主追求和积极参与,获得的成果具有先驱性的意义。同时,我们也应认识到,由于当时国内考古学科广泛受制于自身发展程度和硬件条件,科技考古研究主要以分析器物的材质、机理为核心,以复原器物的制造技术史为目的。

二、磨砺:考古学、人类遗传学、核物理学的合作与成长

(一)考古学

1997—1998年间,两位考古学专业学者——陈淳和高蒙河相继加盟复旦大学文物与博物馆学系,担负起了促进考古学学科成长,尤其是拓展田野发掘和实验室分析的重任。此后,以科技考古实践提升研究成果的含金量逐渐成为复旦大学考古学的一项特色,这体现在三峡考古项目、跨湖桥遗址考古信息解读项目,以及文博系研究生的培养当中。

1. 三峡工程考古项目

举世瞩目的三峡水利工程大坝建成后,随着上游库区蓄水的推进,全国

多个考古发掘团体紧急进驻三峡,参与淹没区的抢救性考古发掘。自1999年起,复旦大学文博系师生组成的考古队由高蒙河领队,七次奔赴三峡开展考古发掘(图5)。当时,复旦大学在国内考古界较早地提出,考古研究不应仅仅关注器物类型的排比,更应当把物质文化遗存"看作了解和探索过去的证据",从中"解读社会文化信息",丰富我们对人类社会生活方方面面的认识[⑦]。因此,复旦大学师生在传统的研究手段以外,积极与校内外多个单位广泛合作,借助学科交叉优势,将古人类DNA分析、人骨微量元素分析、浮选法、PIXE测定陶器元素、植硅石与孢粉分析等方法应用到考古信息的提取中,试图全方位地了解遗址形成的动态过程和三峡先民对该地区特殊环境的文化适应。

图5　2000年三峡考古麻柳沱工地

古人类DNA分析是分子生物学与考古学交叉产生的新兴领域,高蒙河与当时生命科学学院现代人类学研究中心的金力课题组合作,对三峡地区出土人骨开展古DNA的提取和分析工作,并结合器物类型学、分子遗传学和文献记载这三条线索认识三峡先民的族属和身份(图6、图7)。重庆万州石地磅汉代墓葬M1出土人骨的DNA分析揭示,该墓主很可能是南方土著居民,且

图 6　三峡考古麻柳沱遗址人骨采样

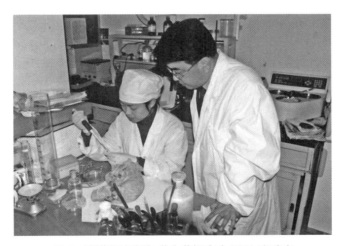

图 7　高蒙河老师与学生黄颖在古 DNA 实验室

与汉藏语系和三苗集团所属民族的亲缘关系较近，与百越民族则相去甚远，这一结论与墓葬形制和随葬器所反映的墓主身份是一致的⑧。在此成功的尝试后，"大溪墓地人群结构 DNA 分子考古学研究"获国家文物局立项资助。一项将大溪文化先民 Y 染色体 DNA 单倍群与中国其他史前文化人群 Y-DNA 单倍群相比照的系统研究推测，大溪人可能是现代苗瑶语族的祖先（图 8）。但今天苗瑶语族人群主要生活在西南地区而非三峡地区，则有可能是历史时期的多次移民改变了史前族群分布格局的结果⑨。

图 8　三峡考古大溪文化人骨采样墓葬

　　人骨微量元素分析和浮选法是研究古人类食谱结构和生业形态的两个重要途径。2003 届硕士研究生王轶华与复旦大学材料系国家微分析中心的黄曜合作,分析了三峡麻柳湾汉墓和糖坊汉墓、上海青浦崧泽文化墓和福泉山汉墓、江苏新沂花厅新石器墓等出土人骨中锌、锶、钡、钙四种微量元素的含量,并对比了等离子体质谱法(ICP-MS)和原子吸收光谱法(AAS)这两种不同测试方法的效果。结果发现 ICP-MS 相对 AAS 具有灵敏度高、检出限低,以及可快速进行多元素检测的多种优势[⑩]。测试数据表明:三峡地区汉代居民以农作物为主食,鱼、肉等高蛋白质食物摄入较少;而长江下游先民在崧泽文化时期已经得益于本地稻作农业和家畜饲养的较早发展,植物性食物和蛋白质的摄入水平都相当高;到汉代,福泉山先民的营养状况更是远胜于同时期的三峡先民。研究不仅揭示了长江流域不同地区和时代古人的饮食结构,还进一步探讨了其背后整个社会是如何围绕食物这一关键问题运转起来的,指出了地理条件、农业水平、文化差异、社会分工等多种因素对古人体质特征和行为方式可能产生的影响[⑪]。

　　在重庆万州麻柳沱遗址的发掘中,2003 届本科生崔翔尝试用浮选法从各类遗迹中收集与庖厨活动有关的细小遗存[⑫](图 9)。她尽力参考了当时所能读到的英语文献,利用现成的简单工具,设计了类似于"小水桶法"的浮选流程,对采自房址、灰坑、窑穴、灶坑等有代表性遗迹单位的土样进行水选。最终的浮选产物中主要有小型鱼骨、鱼刺和碳屑,未发现明确的谷物种子。她据此推测,麻柳沱先民可能较大程度地利用水生资源,农业并非其主要生计来源。这是复旦大学师生使用浮选法处理、分析考古材料的首次尝试。

2000级硕士研究生潘碧华和现代物理研究所2004届博士研究生张斌合作,利用PIXE技术分析陶器元素组分和产地来源,并结合考古遗存所反映的文化、经济、聚落的变迁过程,来解释制陶原料变化背后的动力机制[13]。根据PIXE方法测得的麻柳沱遗址陶器主量元素与微量元素分

图9 陈淳老师和崔翔浮选

布,他们认为东周时期制陶原料的来源地与新石器时代和商代时期的不同,并进一步推测,峡区经济规模的发展、社群间为争夺资源而发生的冲突、男女劳动分工的强化、聚落形态的改变等多种因素之间的复杂关联与互动,共同导致了陶器需求的增长和原料地的转移(图10)。

陈淳与中山大学岭南考古研究中心的郑卓合作,通过孢粉和植硅石分析来复原三峡地区的古气候与古环境变迁,材料来自万州地区的麻柳沱遗址和大宁河流域的林家码头、大昌古城、涂家坝、黎家沱等遗址[14]。

另外,上述研究在追求科技方法的应用以外,还进一步尝试从更加宏观的理论视角整合多种考古信息,阐释三峡古文化演变的动态过程以及其内在机制。潘碧华以忠县到巫山段的古代聚落和万州麻柳沱遗址为例,探索了如何将人居环境理论与考古材料相结合,充分利用多学科研究的成果,深化对人类栖居与环境变迁之间相互关系的理解。他以此为题完成了博士论文[15]和专著[16]。2004届本科生潘艳在陈淳的指导下,依托复旦大学"箦政学者"本科生科研见习项目的资助开展研究,以孢粉分析、近现代气象资料、考古出土遗存为基本数据,归纳出了瞿塘峡东、西古代社群经济行为的差异,并以美国民族学家斯图尔特提出的文化生态理论解释了这种差异的产生原因。他们认为瞿塘峡以西的先民生计更受制于环境,不适合发展农业生产,始终要依赖

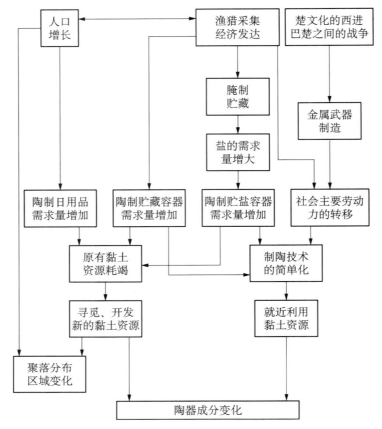

图 10　潘碧华与张斌论文中对陶器来源地改变机制的假设

渔猎的补充，瞿塘峡以东更适于农耕，并猜测这一差异可能促使峡区东、西贸易的形成与发展⑰。该论文还于 2005 年获得了第一届王玉哲文博教育基金"文博新秀"论文评选二等奖。

2. 跨湖桥遗址考古信息二次解读

跨湖桥遗址考古信息二次解读项目是对一个考古遗址出土材料进行全面阐释的再次尝试。跨湖桥遗址发现伊始，即因其长江下游年代最早的新石器文化的特殊地位而入选"2001 年全国十大考古新发现"。但是，国内考古界对跨湖桥文化性质的判断始终争议不断，因为其年代比同一区域的河姆渡文化早了 1000 年，而陶器、骨器、木器的制作技艺却完全不在河姆渡之下，有些甚至比河姆渡还要精致得多,水稻栽培也已出现,这一年代古老性和物质文化先进性之间的不匹配超出了传统的理解范畴。2004 年,杭州萧山筹建跨湖桥遗址博物馆,陈淳及其团队受萧山博物馆委托,在考古发掘已揭示信息的基础上,为丰富展示内容而对遗址出土材料做进一步的分析和解读(图 11)。他们认为该遗址应当被视为长江下游新石器早期人类在资源丰富环境中的一种特殊适应方式[13],以此为切入点,利用浮选法、拉曼光谱、沉积物微化石分析、PIXE、微痕观察等方法,对跨湖桥遗址的环境和文化遗存做了分析(图 12)。

图 11　萧山博物馆朱倩(左三)与郑建明(左一)、陈淳(左四)讨论跨湖桥研究方案

图 12　潘艳在浮选跨湖桥遗址土样

这项课题融合并发展了多项以往未曾尝试过的新方法，得以多视角地审视考古材料，为全景式地展示跨湖桥先民的人地关系、生业经济、技术发展水平，乃至最初定居直至废弃的整个动态过程提供了宝贵的证据和合理的解释。

饱水环境使跨湖桥遗址富含有机质的地层堆积保存状况良好，这为观察先民栖居时的古环境变迁提供了契机。华东师范大学河口海岸学国家重点实验室的陈中原、英国杜伦大学的宗永强和詹姆斯·英尼斯（James Innes）受邀承担了孢粉、有孔虫、土壤粒度等一系列沉积物的分析工作，结果发表于《自然》杂志[19]（图13）。这项研究在人类活动对环境的影响方面观察细致入

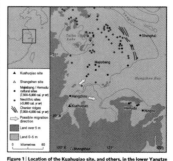

图13 《自然》发表的跨湖桥古环境研究论文

微,重建了跨湖桥遗址从人类栖居之前、居住时期,直到居址废弃的详细过程。研究显示,人类到来以前的距今 9 319—8 722 年间和人类栖居晚段距今 7 428—7 144 年的沉积物指示了一种海相沉积环境,但是大部分孢粉组合仍来自淡水植物群落,说明此处应属港湾而非开阔的海滨环境。从距今 8 722—7 863 年的 B 段到 F 段的 1 500 年中,海平面相对稳定,有机物沉积主要反映了一种淡水环境,温暖湿润的季风气候盛行,陆地主要植被为落叶和常青栎树。B 段沉积中的微生物化石指示了一种以宽阔湖塘为主要景观的淡水环境,而后又逐渐变为多芦苇的沼泽湿地。随着有机质的填充,水体逐渐变浅、芦苇湿地扩大,最终形成桦树和柳树构成的茂密灌木林。同时,硅藻证据显示有微弱的海水影响。大约从距今 7 700 年左右的 C 段下部开始,人类活动大幅增多,表现为炭屑增加了 10 倍,而桤树花粉、沼泽林地非孢粉微生物化石和水生沼泽种类急剧减少。这一时期开始出现水稻花粉、杂草和人猪共患的寄生虫——鞭虫卵。自 B 段之末起,咸水沼泽草本植物和耐盐硅藻持续增加,尽管淡水硅藻仍占 85% 以上,但是体现了少量海水的经常性渗入。在距今 7 620—7 550 年的 E、F 时段,沉积中的炭屑减少,但是与人类活动相关的微生物却大量增加。季节性的高潮位使沼泽湿地中的香蒲大量繁殖,它们有可能成为人类的食物和制作器物的原料。人类活动持续到距今 7 550 年,孢粉、硅藻、有孔虫等多项指示物分析皆表明,人类栖居最后被海侵打断。

以今天的立场来反思这项工作的意义,它无论是对推进跨湖桥遗址的研究,还是对中国环境考古实践的发展,都是颇具影响力的。与同时代的研究相对照,它的创新意义体现在以下三点:其一,建立了高分辨率的地层年代序列;其二,不仅分析了沉积物中的孢粉,还对具有环境指示意义的其他多种微化石进行分析,以多种指标重建了环境演变的过程;其三,提供了大量人类主动干预和改造环境的证据。

为了更加直接地了解跨湖桥先民的食物结构,拉曼光谱技术被用来分析陶容器表面的残留物,它能反映有机分子的组成结构,有助于推测陶器可能盛装过的物质。复旦大学分析测试中心的姚文华承担了这项测试工作。在送测的 8 份样本中,2 份陶片的初步测试结果比较有意义。图 14 显示该测样在波数约为 3 000 的位置出现了两个明显的信号,指示为动物脂肪的分子结构,该结果在同一陶片的另一测点得到了重复,因此可推测该陶器曾炊煮过肉类食物。图 15 中,波数 3 000 的位置附近没有信号,表明该处物质结构与动物脂肪完全不一样,可能反映了非肉类食物的存在。据此可推测,跨湖桥先民很可能采取了肉食与植食一锅煮的方式,在烹饪技术尚未完善的史前时期,这种炊煮不仅使食物变得可口,还有助于食物的消化与营养的吸收[20]。

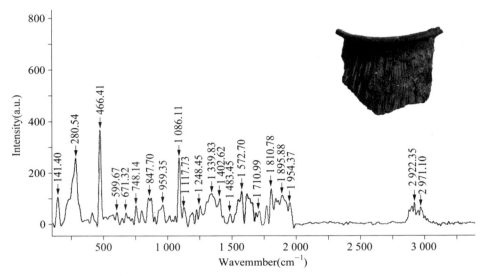

图 14　拉曼光谱显示陶器内残留物含脂肪类物质

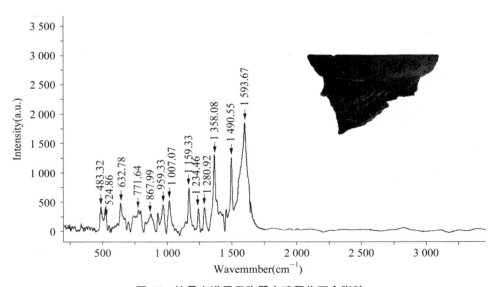

图 15　拉曼光谱显示陶器内残留物不含脂肪

跨湖桥遗址出土的陆生哺乳动物骨骼上多见人工改造和动物啃啮的痕迹，对它们的分析能反映先民屠宰、食用、加工大中型动物以及骨器制作的技术，美国学者金成坤承担了这项工作。分析发现了丰富的微痕证据，包括人类切割工具造成的 V 型凹槽、动物牙齿啃咬的 U 型凹槽和点状压印、折断鹿角的环切痕等[21]。但这项观察结果比较零星，无法给予更加系统的报道。

跨湖桥陶器无论是与较早的上山文化，还是与较晚的河姆渡文化相比，都表现出了技术工艺上的复杂性和成熟性，特别是其中的黑陶形状规整、表面光亮、细节处理精致，突出体现了制作技艺的领先水平（图16）。复旦大学现代物理研究所的承焕生和 2007 届硕士研究生林嘉炜利用 PIXE、^{4}He 离子束共振背散射、X 射线荧光分析等测试手段，提供了一系列技术参数，主要有以下几点[22]：

图 16　跨湖桥遗址出土的制作精美的黑光陶罐口沿

（1）黑陶胎体成分中主要为 SiO_2 和 Al_2O_3，其平均含量约为 64.1％和 22.2％，接下来依次为 Fe_2O_3、K_2O、MgO、P_2O_5、CaO、Na_2O，含量为 3.98％、2.26％、2.07％、1.24％、1.13％和 1.01％。

（2）黑陶胎体的化学组分相对稳定，各地层所出黑陶在常量元素上无明显变化，这可能暗示，长久以来此地陶器制作的原料来源和烧制前的加工过程没有大幅改变。

（3）通过陶器和遗址周边土壤成分中 Al_2O_3 的比较，推测先民们可能使用了古湘湖湖底的淤泥作为原料来制作这批陶器。

（4）^{4}He 离子束共振背散射和烧失实验表明陶器上的黑色来自胎体中的

还原碳。

（5）黑陶器表陶衣层中 Ca 和 S 的含量数倍于胎体中的含量，表明器表的黑光效果可能与施加了某种物质有关，但具体是什么还需要进一步探索。这一结果与民族学知识的结合初步揭示了黑光陶制作工艺的一些关键特征，这类陶器胎体原料质地细腻，表面因渗炭而呈现黑色，器表的光泽是施加某种含硫物质并加以打磨抛光而形成的。研究者推测这种精致陶器的出现很可能与社会生活中某些场合的需求有关[㉓]。

在综合上述发现和跨湖桥遗址发掘报告的基础上，陈淳等借鉴"富裕采集"模式和竞争宴享理论，认为跨湖桥文化与世界上很多富裕采集社会的发展有类似之处，优越的地理环境和资源条件支持这类社群的定居和人口增长，进而产生社会结构复杂化，在物质文化上就表现为器物和技术的精致化[㉔]。

3. 研究生培养

自 2007 年以来，文物与博物馆学系的博士论文中涌现出了多篇以科技考古为主题或主要研究方法、质量较高、学有专长的优秀作品，这些工作在体质人类学、打制石器微痕分析、植物考古、陶瓷考古等领域进行了深度探索。以下以时间为序作一简要回顾。

2008 届博士研究生汪洋以上海市松江区广富林遗址良渚文化墓地出土的人骨标本为基本材料，从中提取人种学、古病理、古食谱等多方面信息，全面揭示该遗址良渚先民的体质状况，并以文化生态学理论为指导，综合讨论长江下游地区史前人类的体质特点及其文化对环境的适应机制[㉕]。研究结果指出：以广富林组为代表的太湖地区和宁绍平原地区的人种发展具有连续性和稳定性，这与该区域史前文化的演进过程具有一致性；良渚社会的复杂化对社会分工和劳动强度有着更高的需求，为了维持社会运转所需的物质基础和神权体系，大量劳力被投入农业生产、修建大型公共建筑、象征性物品的制作等活动，这些在人类体质上也留下了鲜明的烙印。

2010 届博士研究生陈虹对我国华北部分更新世晚期遗址中细石器技术的发展、差异和适应进行了全面分析[㉖]。她首先运用"级差型动态类型学""操作链"等打制技术分析、微痕分析、数理统计等方法，对山东、河北、山西、内蒙古等地区石器时代晚期代表性遗址出土的石器标本和遗迹现象进行对比。其次,整合对比分析结果,归纳各文化实体在石器技术、维生策略、居址形态方面的差异,并探讨狩猎采集群适应策略存在差异和发生变化的各种动因。最后,基于实例分析,从人类行为的主动和被动两个方面进一步剖析文化的动态过程和演化动力,构建出更新世中国北方人群的文化适应系统,即细石叶工艺系统。这项研究将人文科学的理论视野与自然科学的实验方法相结合,从而避免了对考古学材料进行单因的、直线的因果讨论,并对旧石器考古学传统研究方法的优化和推进做出了贡献。论文作为专著出版后,获得浙江省第十七届哲学社会科学优秀成果奖三等奖。

2011届博士研究生潘艳以长江下游距今10 000—6 000年间的考古材料为研究对象,以植物考古学方法为主,结合古环境复原和聚落形态分析,从人类生态位构建的理论视角剖析了该地区早期农业起源与发展的过程㉘。研究结果表明,长江下游农业生态与独特的农业形式早在10 000年前已经萌芽,人类对物种和环境主动而持久的干涉是导致物种驯化、农业起源的主要环节。在充分认识人类行为改变并主导生态系统演进方向的基础上,社群外部物质性压力、社会内部结构性压力和能动性等多种因素作用于农业起源的强度可以得到合理的评估。这项研究有三个创新点:其一,它指出了长江下游史前农业的传统研究视角过于强调稻作,忽略了大量动、植物物种受到人类管理的证据;其二,通过对长江下游的实例分析,重新探讨了"驯化"和"农业"的定义,主张判断农业产生的标准应从物种表型性状转向人类行为;其三,凭借实验考古建立了依据水稻小穗基盘判断驯野属性的定量标准。该论文获得2013年上海市研究生优秀成果(学位论文)奖励。

除了上述成果以外,硕士研究生也积极参与科技考古的探索,并颇有斩获。2015届硕士研究生李一凡将拉曼光谱、X荧光光谱和微痕观察等多种方法结合使用,对内蒙古巴林右旗地区红山文化玉器的材质和加工工艺进行了较为系统的研究㉙。2015届硕士研究生潘坤容对安徽六安地区出土的西汉漆陶做了显微结构、化学成分、物相、价态和烧成温度等多方面的分析,复原了该类器物的制作工艺㉚。2017届硕士研究生张萌利用PIXE技术对龙泉大窑及附近多处窑址的青瓷标本与制瓷原料做了主量元素分析,并通过多元统计分析初步理清了大窑与其他窑址、大窑青瓷与瓷土原料之间的关系,有助于加深学术界对龙泉青瓷制作工艺的了解㉚。

（二）人类遗传学

2003 年，现代人类学教育部重点实验室在复旦大学生命科学学院建立，十余年来，他们在古代人骨 DNA 研究领域达到了国内领先、国际先进的水平，主要成就可以概括为以下几个方面。

1. 古代人骨 DNA 样本库

现代人类学教育部重点实验室与全国多家考古单位建立了友好合作关系，迄今已经收集到了全国各地区大约数百个考古遗址中出土的古代人类遗骸（包括牙齿、肢骨残段、头骨碎片、肌肉、毛发等组织），大约有数千个个体，时代范围涵盖距今 10 000 年直至近现代，已形成了一个初具规模的古代人骨 DNA 样本库。尤其值得一提的是，实验室从新疆地区采集到 12 具非常著名且十分珍贵的古尸样本（骨骼、肌肉、毛发等组织）（图 17）。其中的孔雀河罗布淖尔铁板河女尸（楼兰美女）（1800BC）、孔雀河罗布淖尔古墓沟幼尸（1800BC）、且末扎洪鲁克女尸（1000BC）、且末扎洪鲁克男尸（1000BC）、吐鲁番苏巴什女尸（1000BC）、吐鲁洋海萨满教法师男尸（1000BC）等，是新疆地区出土的古尸样本中的代表性古尸，在新疆的考古学和人类学研究领域具有很

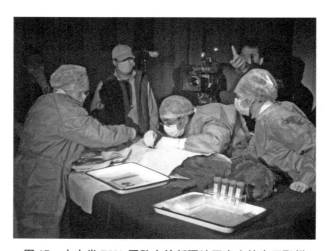

图 17　古人类 DNA 团队在给新疆地区出土的古尸取样

高的学术研究价值,为新疆地区古人类学研究、考古学研究和民族学研究,以及新疆历史等方面的研究提供了丰富的分子人类学方面的信息。

2. 完善古代人骨 DNA 技术

经过多年的探索,实验室已经建立了一个比较完善的古代人骨 DNA 抽提技术、PCR 扩增技术和 DNA 序列分析技术平台[31](1 万年以内样本),以及比较成熟的古代人骨线粒体 DNA 及性别鉴定的研究体系和技术平台(1 万年以内样本)。

在具体的实验操作方面,实验室改进了传统的硅吸附 DNA 抽提法,还应用多重 PCR 法,提高了 PCR 检测的灵敏度。基于古 DNA 的特性,在引物设计上使产物长度更短,约 100—150 bp。通过克隆测序,比较不同克隆的序列,以确定实验过程中是否有污染,获得的 DNA 序列是否可靠[32]。根据样品的基本信息估计样品的单倍群,设计相应的酶切位点进行检验,作为确定单倍群的一个补充证据。重复实验,提高 DNA 拷贝数,设计更短的 PCR 产物长度(图 18)。

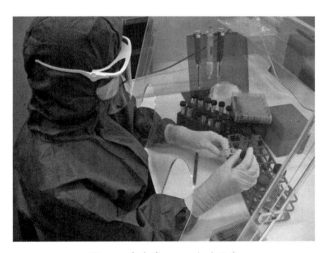

图 18 古人类 DNA 实验平台

3. 科研成果与研究生培养

基于高水准的技术平台和丰富的材料资源,实验室已在对多个古代人群的研究中取得了丰硕的成果,除了前文已提到的包括大溪文化人群古 DNA

研究在内的长江流域各史前文化人群 Y 染色体研究以外(图 19),此处再举几例。

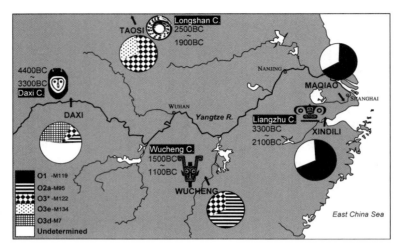

图 19　长江流域各史前人群染色体单倍群分析

徐智等人研究了秦始皇陵修陵劳工墓地出土的人类骨骸线粒体 DNA㉝。他们从随机选取的 50 个样品中获得了 19 份可靠的古代线粒体 DNA,进行序列分析。结果显示,这些为秦始皇修建陵墓的劳工均具有典型的亚洲线粒体单倍型,秦陵劳工墓的劳工和现代中国人群具有遗传连续性,并且其来源具有很高的多样性,提示当时的劳工可能来自全国各地,这与史料记载吻合。这一结果还得到吉林大学边疆考古研究中心古 DNA 实验室的重复验证。

何惠琴等对新疆哈密五堡古墓出土的距今 3 200 年的人骨进行了线粒体 DNA D 环高度可变区的多态性分析,结合人类学头骨形态分析数据,探讨利用分子生物学技术进行人种鉴别。结果显示,在 3 200 年前,新疆哈密地区就有蒙古人种存在,并可能已存在亚、欧两个人类种群的混居㉞。

张帆等对距今约 2 500 年的新疆且末加瓦艾日克墓地出土墓葬中的 52 个样品(牙齿)进行了分析,从中获得 35 个个体的 DNA 数据,其中的 5 个样品在吉林大学边疆考古研究中心也得到了可重复的结果。研究表明,2 500 年前的新疆且末先民是一个欧亚大陆东西部人群混合的群体,并且与现代新疆人群的成分具有一定的差异。结合部分古代人群的线粒体 DNA 数据,他们认为欧亚大陆东、西部人群在中国新疆地区开始混合的时间大概在 2 500 年前。且末群体中具有欧亚大陆西部成分的先民可能来自中亚和西伯利亚，具有欧亚大陆东部成分的先民可能来自中国的甘肃、青海等地区，还有一部分可能来自更北的西伯利亚地区。而且，由于历史上的数次人群迁徙，居住于塔里木盆地的人群对现代中亚和中国新疆的群体结构具有深远的影响[⑤]。

自 2003 年至今，实验室已经培养了多名从事古 DNA 研究方向的"人类生物学"专业博士和硕士研究生，包括 6 名博士（已获学位：李辉、谭婧泽、张帆、徐智、王传超、文少卿）、3 名硕士（已获学位：张蓬胤、黄修远、佟欣竹），还与其他单位联合培养硕士生 2 名（河南省文物考古研究院王娟、西北大学熊健雪）。

（三）PIXE 方法的广泛应用

整个 20 世纪 90 年代至 21 世纪初，应用 PIXE 技术对硅酸盐类的人工制品进行分析在复旦大学现代物理研究所取得了长足发展。PIXE 方法的工作原理是：用经加速器加速后的质子束轰击待测样品，使物质中的原子受激电离，当所形成的内壳层空穴被外层电子填充时，发射的特征 X 射线将被 Si(Li)探测器收集到，继而形成 PIXE 谱（图 20、图 21）。解谱后能得到各元素峰面积计数，最后用专门的计算程序处理即可得各元素的百分含量。这一方

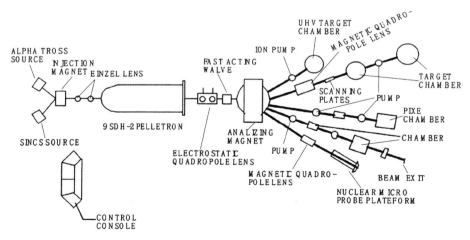

图 20　NEC9SDH‑2 串列加速器及管道示意图

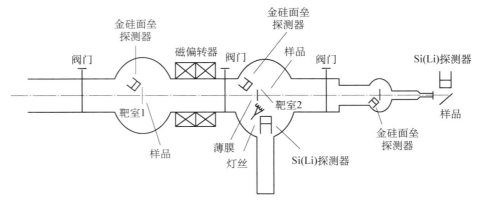

图 21　加速器南 30 度 PIXE 管道实验装置示意图

法具有无损、快速、灵敏度高、多元素定量分析等特点,对传世文物和考古出土材料的研究具有重要意义。承焕生教授领导的研究团队在古代陶瓷、玻璃、玉器这三类器物的分析方面卓有成就(图 22)。

图 22　承焕生教授

　　PIXE 技术与古陶瓷文物研究和考古发掘项目的结合产出了一系列引人瞩目的成果,总的来说,这些工作对科技考古的长远发展有三个方面的贡献。首先,最重要也是最长远的影响是在国内开拓了研究古代硅酸盐文物的技术手段,为科学认识文物的性质特点提供了一种定量方法[③]。其次,也是比较直接的贡献,是为一些古陶瓷界关注的热点问题提供了答案。比如,承焕生、何文权、张斌等曾分析了河南清凉寺窑、张公巷窑、刘家门窑出土的青瓷胎、釉的化学成分,为认识北宋官府青瓷生产的特点和不同窑址之间的关系提供了有价值的线索[37]。最后,广泛的采样和测试形成了包括汝窑、钧窑[38]、耀州窑[39]、龙泉窑[40]、越窑[41]、青花瓷器[42],以及新石器时代考古学文化出土陶器等的古陶瓷 PIXE 数据库,为系统梳理我国陶瓷烧造发展史和陶瓷器鉴定积累了大量资料,也为其他研究者检索、比对出土标本提供了平台。

干福熹院士与承焕生团队合作期间(2002—2010 年),尤其注重复原玻璃制造技术在中国起源与发展的历史,坚持以理化分析手段获取一手数据来解答相关的问题。他们与上海硅酸盐研究所,以及国内多家考古院所和博物馆合作,应用 PIXE 技术、能谱分析法、X 射线衍射法、原子吸收法、等离子体发射光谱法、同位素质谱分析法等多种测试手段对国内考古遗址出土的玻璃质文物进行分析[43],最终系统地勾勒出中国最早的玻璃制备技术的面貌[44],复原了中国古代玻璃技术发展变迁的过程,并科学地阐明了中、西古代玻璃产生差异的原因[45],为国内开展"玻璃考古"奠定了扎实的基础。

PIXE 技术特别适合对一些不能切取小样的珍贵器物进行分析,因此还被用于古代玉器矿物成分和变化机理的研究。承焕生团队对多个重要考古遗址(如安阳殷墟、上海福泉山、江阴高城墩、蚌埠双墩)出土的玉器[46]和一些重要玉材出产地的材料[47]进行了研究。此外,他们不仅与国内科研院所合作,还与国际上的重要博物馆建立了密切联系,曾通过巴黎第七大学的科研关系促成了复旦大学与法国卢浮宫博物馆在科技考古方面的合作[48]。

在这一段发展过程中,复旦大学的科技考古越来越注重科研、教学实践与田野发掘的有机结合,文博系的考古学、生命科学学院的人类遗传学和现代物理研究所的 PIXE 技术应用成为三支生力军。在国内外考古学界的影响和启发下,多学科交叉,取长补短,共同解决考古学问题的思路和做法基本成形,科技方法的广泛探索和应用成为提升考古成果品质的"点金石"。

三、凝聚:科技考古团队的形成与建设

随着年轻人才的引进,复旦大学科技考古大范畴下的专门研究方向逐一成形,综合性研究型大学的优势又为跨学科合作和中外合作的科研模式提供了理想的平台。其中一个重要而可喜的转变是,文物与博物馆学系专门从事

科技考古的人才队伍逐步发展起来。2007年以来,已有5位教师陆续入职,目前有教授1人(袁靖)、副教授2人(王荣、潘艳)、讲师2人(董惟妙、董宁宁),基本形成了老、中、青三代的人才梯队结构。研究领域涵盖动物考古、植物考古、稳定同位素分析、玉器和漆器质色工艺分析。

袁靖教授于2017年被复旦大学聘为特聘教授,出任科技考古研究院院长,带领年轻的团队再次出发,力争开创复旦考古的新局面。他多年以来坚持思考和探索中国科技考古的发展,对学科建设贡献颇丰。他本人的学术研究专长是动物考古学,在学界享有较高的声誉,而且自2014年以来一直位居Elsevier中国(包括港澳台地区)人文艺术类高被引学者名录的前五名。

王荣主攻玉器质色工艺分析,近十年来,他在国家自然科学基金青年项目、国家自然科学基金重点项目子课题、上海市哲学社会科学规划青年项目和一般项目的持续支持下,已对中国北起乌苏里江流域小南山遗址,南至珠江流域墨依山商周墓葬的出土玉器进行了实地调查。课题组采用便携式仪器和肉眼观察相结合的研究方式,赴全国数十家考古所、工作站和博物馆对出土玉器进行分析和研究,积累了新石器时代中期至汉代出土玉器材质、工艺、纹饰、造型、功能、沁色等多项参数的第一手资料,并在以下四个方面取得一系列原创成果。

(1) 钻研了应用现代科技手段对古代玉器进行无损分析的方法,建立了一套行之有效的无损方法体系[49]。在质色分析的基础上,进一步研究不同区域的玉器工艺特点,梳理出中国古代玉器的修复工艺历史[50]。

(2) 通过系统的模拟实验对玉器的埋藏学规律进行研究,揭示致密的透闪石玉器和蛇纹石玉器能适应各种湿度和紫外光照,而结构相对疏松的透闪石玉器和蛇纹石玉器则在低湿条件和紫外光照环境下变化很大。这表明高湿和非紫外光照环境更适合疏松的风化古玉器的保存[51]。

(3) 通过对中国多地出土玉器的调查和研究,修正和补充了过去对玉器白化机理认识的不足,揭示了玉器白化的多种机制。其一,某些玉器的白化是钙物质沉积和渗透所致;其二,某些玉器的白化是经过火烧,尤其是人为实施"火燎"的结果。这两种因素均导致玉器结构稳定性变差,需得到保护工作的重视[52]。

(4) 在商王朝核心区域确认了玉器受到火燎的现象,为甲骨文中关于"燎祭"玉器的文献记载找到了比较可靠的实物证据。此外,在史前良渚文化玉器上也找到了火烧的实证,将古人刻意火燎玉器后再将其埋藏入土的行为方式由商代提前至新石器时代晚期㊾。

此外,王荣还与湖南省博物馆合作,采用多种方法对湖南长沙地区出土的战国至西汉中期的漆器进行了逐层的细致分析,梳理出该地区这一时期漆器制作工艺的发展历史㊾。

潘艳立足植物考古学,以农业起源问题为切入口,把人类生态位构建理论应用于考古学研究,通过多项实证研究,对古代人类生态系统的多样性和动态机制进行了比较深入的探索。生态位构建是进化生物学领域的一个新兴概念,它强调生物体积极、主动、活跃地改变环境因素,从而改变自身与环境之间的关系,以及两者的进化速率和方向,这是对达尔文"物竞天择、适者生存"进化理论的重要完善,也是对过程考古学时代文化生态论的更新。生态位构建理论与考古学的结合不仅为考古学观察社会演进提供了一种思想,更是为研究实践提供了一套实用的方法,它指导考古学家可以在物种的遗传基因和表观性状、单个遗址、考古学文化、区域乃至全球等多种尺度上寻找人类干预环境的证据,并复原人地关系的动态变化过程。潘艳的植物考古学研究正是在此启发下展开的。她主要在以下五个方面取得了一批原创性成果。

(1) 在物种遗传基因层面,利用 InDel 分子标记法对田螺山遗址河姆渡文化出土的古稻遗存进行籼—粳分化的研究㊾。

(2) 在物种表观性状层面,依据对水稻小穗基盘形态的定量研究,探索出一套判断出土水稻遗存驯野属性的方法。

(3) 在遗址层面,从跨湖桥遗址的动植物遗存出发,对该遗址的人类生态位构建模式和农业维生的经济活动做了细致剖析㊾;还对田螺山遗址出土的丰富植物材料进行全面系统的鉴定,以多种方法分析其所代表的河姆渡文化早期的人类生态系统㊾。

(4) 在考古学文化层面,参与多学科合作研究上山文化的课题,通过冲积地质学分析、陶器岩相分析和制作技术复原、植物种子和淀粉颗粒分析、石器微痕分析等手段,综合有关早期稻作的信息,以期对上山文化的人类生态过程予以生动的解释㊾。

(5) 在更大的区域层面,凭借多年来对长江下游史前考古材料的深耕,建立一个距今 10 000—6 000 年间有关聚落、植物组合、生物群落的分布与历时变迁的框架,将物质文化中存在的模式与人类行为的规律性对应起来,为回答长江下游农业起源与早期发展的诸多问题提供一种以人类生态为核心的开放性思路[59]。

董惟妙以稳定同位素分析为专长,她聚焦天山地区距今 3 000 年左右的考古发现,如吉仁台沟口、莫乎查汗、柳树沟等一批遗址,以古代人类和动物的骨骼稳定同位素分析和古 DNA 分析为主要研究手段,结合动植物考古材料,研究青铜至铁器时代先民的食谱结构、生业模式与人地关系。并进一步从欧亚大陆早期东西方文化交流与人群融合的宏观历史视角,揭示天山地区在这一过程中扮演的重要角色,以及对后世的影响。该课题获得国家自然科学基金青年项目的资助,也将为深化"一带一路"的历史意义做出考古学的贡献。

董宁宁以动物考古为专长,她参与被评为"2015 年全国十大考古发现"的江苏兴化蒋庄遗址的研究,对出土动物骨骼进行定量定性研究,并结合稳定同位素分析、古 DNA 分析、各类植物遗存所提供的信息,了解该遗址良渚时代先民的食物结构、农业生产、食物供给的季节性等问题,最终比较完整地揭示出该遗址良渚先民的生业模式、人地关系、经济基础与社会结构相匹配的特点,并在更高的层次上参与探讨良渚文化大版图内各个区域社会生产力与生产关系、经济基础与上层建筑的关系。

文博系与科技考古研究院在加强自身人才队伍建设和推动科研成果产出的同时,还在复旦大学校内、外广泛寻求与其他科研团队开展跨学科合作研究。潘艳在博士后在站期间,与生命科学学院卢宝荣领导的水稻种质资源与生物安全课题组紧密合作,顺利完成了水稻小穗基盘和古水稻遗传基因籼—粳分化的研究,在此过程中还一并得到李辉的现代人类学实验室、宋志平的水稻系统演化课题组、李士林的法医学课题组、吕红的微生物课题组、吴纪华的显微镜实验室等诸多团队的指导和协助。

在陶瓷考古领域,PIXE 方法与考古发掘相结合的学术传统延续至今。近年,复旦大学现代物理研究所的张斌与浙江省文物考古研究所的郑建明通力合作,对以越窑青瓷为代表的目前所知全球年代最早的瓷器烧造技术进行研究[60]。对来自东苕溪流域的瓢山、北家山、南山、火烧山、亭子桥等 6 处窑址的硬陶和瓷片样本进行主量元素测试和统计学分析后,他们发现,从夏代末期直至战国早期,瓷胎原料的开采地点基本未变,而釉料的原料来源则多种多样,很可能是来自多个地点的多种植物草木灰的混合物,其中是否加入石灰则需要进一步分析。这项研究是对原始瓷胎、釉成分科学定量分析的首次报道,为复原原始瓷烧造的技术工艺、探讨瓷器起源的相关问题奠定了基础。

由此可见,经过此前数年的历练和经验积累,复旦大学的科技考古科研实践开始力求打造一种新格局,不盲目追求面上铺开,而是更注重向纵深挖掘。最大的特点就是问题导向更明确,方法设计更具系统性,研究结果不仅开拓了科技方法的新应用,还对如何更加紧密地将科技方法和考古学问题相结合做出了贡献。以考古学问题为指导,追求科技方法、考古材料、理论阐释的有机融合成为各个学科研究者们的共识和努力方向。他们一方面深知保持理论优势的重要性,延续先前考古学理论思考的传统,紧跟国际学术界理论发展的前沿;另一方面也更加注重对考古材料本身信息的深度挖掘,对数据阐释更加审慎,力争为国内外学术界的热点问题贡献知识和见解。学界同行对这些成果的认可,证明了大家努力的价值。

回望来路,前辈们筚路蓝缕,以启山林,紧随其后的一代学者如中流砥柱,艰苦奋斗、绵绵用力、久久为功,终于把复旦大学的科技考古带到了如今科技考古研究院的平台上。我们放眼国际学术界,当今科技考古各个分支领域的发展早已与考古学、人类学水乳交融,并成为最具活力和开拓潜力的学科增长点。年轻一代要更加发扬坚韧不拔、无惧挑战、勇于创新的精神,争取在中国和世界考古学的舞台上做出自己的贡献,发出复旦大学的声音,进一步推动并提高学科的发展水平,为续写复旦大学考古学的辉煌篇章而努力。

致谢

本文撰写过程中,承蒙复旦大学现代物理研究所承焕生教授惠赐早年科研史料,并亲授口述回忆,又承生命科学学院李辉教授、文物与博物馆学系高蒙河教授、潘碧华副教授、王荣副教授惠赐珍贵史料,在此一并致以衷心感谢!

(执笔:潘艳、董惟妙、董宁宁)

参考文献：

① 刘志祥:《谁人识功勋 一弹扬国威——记负责研究原子弹某项核心技术的复旦人李郁芬》,见鄂基瑞、燕爽主编:《复旦的星空》,上海:复旦大学出版社,2005年,第400—403页。

② a. 复旦大学静电加速器实验室、中国科学院上海原子核研究所活化分析组、北京钢铁学院《中国冶金史》编写组:《越王剑的质子荧光非真空分析》,《复旦学报(自然科学版)》1979年第1期,第73—81页。b. Chen, Jian-Xin, Hong-Kou Li, Chi-Gang Ren, Guo-Hun Tang, Xi-De Wang, Fu-Chia Yang, Hui-Ying Yao. 1980. PIXE research with an external beam. *Nuclear Instruments and Methods* 168: 437–440.

③ Chen, Huan-sheng, Jian-xin Chen, Chi-gang Ren, Zhi-wei Xu, Fu-chia Yang, Guo-qing Zhao, Zhu-ying Zhuo. 1981. Ion beam analysis in archaeology. *Nuclear Instruments and Methods* 191: 391–396.

④ 承蒙复旦大学现代物理研究所承焕生教授口述告知。

⑤ 干福熹、黄振发、肖炳荣:《我国古代玻璃的起源问题》,《硅酸盐学报》1978年第6卷第1、2期,第99—104页。

⑥ 承蒙复旦大学生命科学学院人类遗传学与人类学系李辉教授口述告知。

⑦ 陈淳:《谈考古学的学术定位》,《文物世界》2001年第6期,第10—15页。

⑧ a. 黄颖、李辉、文波、王玲娥、金力、高蒙河:《遗传基因技术与三峡考古实践》,《东南文化》2002年第3期总第155期,第55—63页。b. 黄颖:《古DNA技术:民族考古学研究的新视角》,《中央民族大学学报(哲学社会科学版)》2003年第2期,第76—81页。

⑨ Li, Hui, Ying Huang, Laura F. Mustavich, Fan Zhang, Jing-Ze Tan, Ling-E Wang, Ji Qian, Meng-He Gao, Li Jin. 2007. Y chromosomes of prehistoric people along the Yangtze River. *Human Genetics* 122: 383–388.

⑩ 黄曜、张照健、黄郁芳、王轶华、陈淳:《古人类骨骼中微量元素的分析及其与古代食谱的关联》,《分析化学研究简报》2005年第33卷,第374—376页。

⑪ a. 王轶华:《微量元素在古食谱分析中的初步尝试》,复旦大学硕士学位论文,2003年。b. 王轶华:《古食谱与微量元素分析》,《华夏考古》2003年第3期,第98—108页。

⑫ 崔翔:《浮选法与考古学的视野》,见复旦大学文物与博物馆学系编:《文化遗产研究集刊2》,上海:上海古籍出版社,2001年,第185—198页。

⑬ a. 潘碧华、张斌:《麻柳沱:一个聚落演变的微观分析》,见国务院三峡工程建设委员会办公室、国家文物局编:《2003三峡文物保护与考古学研究学术研讨会论文集》,北京:科学出版社,2003年。b. Zhang, B., B. H. Pan, Z. Q. Zhang, H. S. Cheng, M. H. Gao, F. J. Yang, X. B. Peng. 2004. PIXE study on ancient pottery from Chinese Sanxia area. *Nuclear Instruments and Methods in Physics Research B* 219–220: 26–29.

⑭ a. 郑卓、谭惠忠、王宏:《长江三峡大宁河流域遗址环境考古分析报告》,三峡工程淹没及迁建区考古发掘项目研究报告(未刊稿),2003年。b. 陈淳、潘艳:《三峡古文化的生

态学观察》,《中国文物报》2004 年 11 月 26 日,第 7 版。
⑮ 潘碧华:《三峡早期人居环境研究——以重庆库区忠县到巫山一段为例》,复旦大学博士学位论文,2007 年。
⑯ 潘碧华:《三峡早期人居环境研究》,上海:复旦大学出版社,2011 年。
⑰ 潘艳:《三峡古环境的文化生态研究》,复旦大学本科毕业论文,2004 年。
⑱ 陈淳:《从东亚最早陶器谈跨湖桥和小黄山遗址年代》,《中国文物报》2006 年 11 月 17 日。
⑲ Zong, Y., Z. Chen, J. B. Innes, C. Chen, Z. Wang, H. Wang. 2007. Fire and flood management of coastal swamp enabled first rice paddy cultivation in east China. *Nature* 449: 459-462.
⑳ 陈淳、潘艳、魏敏:《再读跨湖桥》,《东方博物》第二十七辑,第 14—25 页。
㉑ 陈淳、潘艳、魏敏:《再读跨湖桥》,《东方博物》第二十七辑,第 14—25 页。
㉒ 林嘉炜:《PIXE 在古陶瓷产地和制造工艺中的研究》,复旦大学硕士学位论文,2007 年。
㉓ 陈淳、潘艳、魏敏:《再读跨湖桥》,《东方博物》第二十七辑,第 14—25 页。
㉔ 陈淳、潘艳、魏敏:《再读跨湖桥》,《东方博物》第二十七辑,第 14—25 页。
㉕ 汪洋:《广富林良渚先民体质及文化适应研究》,复旦大学博士学位论文,2008 年。
㉖ a. 陈虹:《华北细石叶工艺的文化适应研究——晋冀地区部分旧石器时代晚期遗址的考古学分析》,复旦大学博士学位论文,2010 年。b. 陈虹:《华北细石叶工艺的文化适应研究——晋冀地区部分旧石器时代晚期遗址的考古学分析》,杭州:浙江大学出版社,2011 年。
㉗ a. 潘艳:《长江三角洲与钱塘江流域距今 10 000—6 000 年的资源生产:植物考古与人类生态学研究》,复旦大学博士学位论文,2011 年。b. 潘艳:《人类生态视野中的长江下游农业起源》,上海:上海辞书出版社,2017 年。
㉘ 李一凡:《内蒙古巴林右旗地区红山玉器的材质和工艺研究》,复旦大学硕士学位论文,2015 年。
㉙ 潘坤容:《六安出土西汉漆陶的制作工艺研究》,复旦大学硕士学位论文,2015 年。
㉚ 张萌:《南宋龙泉大窑地区青瓷与瓷土的 PIXE 研究》,复旦大学硕士学位论文,2017 年。
㉛ 王传超、李辉:《古 DNA 分析技术发展的三次革命》,《现代人类学通讯》2010 年第 4 卷,第 35—42 页。
㉜ Xu, Zhi, Fan Zhang, Bosong Xu, et al. 2009. Improving the sensitivity of negative controls in ancient DNA extractions. *Electrophoresis* 30(8): 1282-1285.
㉝ Xu, Zhi, Fan Zhang, Bosong Xu, Jingze Tan, Shilin Li, Chunxiang Li, Hui Zhou, Hong Zhu, Jun Zhang, Qingbo Duan, Li Jin. 2008. Mitochondrial DNA Evidence for a Diversified Origin of Workers Building Mausoleum for First Emperor of China. *PLoSOne* 3(10): e3275.
㉞ 何惠琴、金建中、许淳、姜言睿、朱琪泉、谭婧泽、黄微、徐永庆、金力、任大明:《3 200 年前中国新疆哈密古人骨的 mtDNA 多态性研究》,《人类学学报》2003 年第 22 卷第 4 期,第 329—337 页。
㉟ Zhang, Fan, Zhi Xu, Jingze Tan, Yuefeng Sun, Bosong Xu, Shilin Li, Xin Zhao, Hui Zhou, Guoqiang Gong, Jun Zhang, Li Jin. 2010. Prehistorical East-West Admixture

of Maternal Lineages in a 2,500-Year-Old Population in Xinjiang. *American Journal of Physical Anthropology* 142(2): 314-320.

㊱ 何文权:《离子束分析与科技考古》,复旦大学博士论文,1997年。

㊲ a. 承焕生、何文权、杨福家、周分廷:《宋代汝瓷研究》,《文物保护与考古科学》1999年第11卷第2期,第19—26页。b. 赵维娟、李国霞、谢建忠、郭敏、鲁晓珂、高正耀、承焕生、张斌、孙新民、郭木森、靳雯清:《用PIXE方法分析汝州张公巷窑与清凉寺窑青瓷胎的原料来源》,《科学通报》2004年第49卷第19期,第2020—2023页。c. 赵维娟、鲁晓珂、李国霞、郭敏、谢建忠、高正耀、孙新民、郭木森、承焕生、张斌:《清凉寺窑与张公巷窑青瓷釉料的主量化学组成》,《中国科学G辑》2005年第35卷第2期,第167—175页。d. 赵维娟、郭敏、谢建忠、李国霞、高正耀、承焕生、张斌、孙新民、郭木森、靳雯清:《从化学组成研究张公巷窑与清凉寺窑青瓷胎的原料产地》,《原子能科学技术》2006年第40卷第1期,第106—110页。e. Zhang, B., H. S. Cheng, W. J. Zhao, Z. T. Gao, G. X. Li, J. Z. Xie, M. Guo, F. J. Yang. 2006. *X-Ray Spectrometry* 35: 27-32.

㊳ a. 李融武、赵维娟、赵文军、李国霞、孙新民、赵青云、承焕生:《三种典型釉色汝官瓷和多官瓷原料产地的PIXE分析》,《北京师范大学学报》2006年第42卷第2期,第144—149页。b. 李国霞、赵维娟、李融武、孙洪巍、郭敏、王彦芳、刘慧、赵青云、孙新民、赵文军、承焕生:《汝官瓷和钧官瓷胎料来源的质子激发X射线荧光分析》,《中国科学G辑》2006年第36卷第3期,第239—247页。c. 邱霞、赵维娟、李国霞、郭敏、谢建忠、孙洪巍、承焕生、孙新民、赵青云、赵文军、鲁晓珂:《用主量化学组成研究汝官瓷和钧官瓷的原料来源》,《原子核物理评论》2006年第23卷第3期,第304—309页。d. 李国霞、孙洪巍、赵维娟、高正耀、李融武、谢建忠、郭敏、赵文军、孙新民、赵青云、承焕生:《多种釉色钧官瓷胎原料来源的质子激发X射线荧光分析》,《原子能科学技术》2007年第41卷第2期,第243—247页。

㊴ 杨大伟、冀勇、李融武、李国霞、赵维娟、郭敏、谢建忠、高正耀、承焕生、禚振西:《不同时期古耀州瓷的无损鉴别研究》,《陶瓷学报》2010年第31卷第2期,第190—194页。

㊵ 何文权:《离子束分析与科技考古》,复旦大学博士论文,1997年。

㊶ 何文权:《离子束分析与科技考古》,复旦大学博士论文,1997年。

㊷ a. 程琳、冯松林、樊昌生、张文江、承焕生、沙因、M. Jaksic:《江西湖田窑明代青花瓷的PIXE研究》,《原子能科学技术》2004年第38卷增刊,第111—124页。b. 刘舜民、杨大伟、李融武、李国霞、承焕生、郑炯鑫、陈丽芳:《景德镇与德化青花瓷原料来源的质子诱发X射线荧光分析》,《原子能科学技术》2010年第44卷第2期,第252—256页。

㊸ a. 干福熹(主编):《中国南方古玻璃研究——2002年南宁中国南方古玻璃研讨会论文集》,上海:上海科学技术出版社,2003年。b. 干福熹等(著):《中国古代玻璃技术的发展》,上海:上海科学技术出版社,2005年。c. 干福熹、承焕生、胡永庆、马波、顾冬红:《河南淅川徐家岭出土中国最早的蜻蜓眼玻璃珠的研究》,《中国科学E辑:技术科学》2009年第39卷第4期,第787—792页。

㊹ 干福熹、承焕生、李青会:《中国古代玻璃的起源——中国最早的古代玻璃研究》,《中国科学E辑:技术科学》2007年第37卷第3期,第382—391页。

㊺ 干福熹:《中国古代玻璃的起源和发展》,《自然杂志》2006年第28卷第4期,第187—193页。

㊻ a. 朱海信、承焕生、杨福家、黄宣佩、熊樱菲:《福泉山良渚文化玉器的 PIXE 分析》,《核技术》2001 年第 24 卷第 2 期,第 149—153 页。b. 干福熹、承焕生、孔德铭、赵虹霞、马波、顾冬红:《河南安阳市新出土殷墟玉器的无损分析检测的研究》,《文物保护与考古科学》2008 年第 20 卷第 4 期,第 26—35 页。c. 顾冬红、干福熹、承焕生、陆建芳、左骏、李青会:《江阴高城墩遗址出土良渚文化玉器的无损分析研究》,《文物保护与考古科学》2010 年第 22 卷第 4 期,第 42—52 页。d. 董俊卿、李青会、顾冬红、干福熹、阚绪杭、周群、承焕生:《蚌埠双墩一号墓和三号墓出土玉器及玻璃器研究》,《南方文物》2012 年第 2 期,第 164—173 页。

㊼ a. 徐安武、杨小勇、孙在泾、王昌燧、柴中庆、何文权、承焕生:《河南南阳独山玉的 PIXE 研究》,《核技术》1999 年第 22 卷第 9 期,第 533—538 页。b. 刘志勇、干福熹、承焕生、马波、顾冬红:《蛇纹石质古玉器的无损分析研究》,《自然科学史研究》2008 年第 27 卷第 3 期,第 370—377 页。

㊽ 承蒙复旦大学现代物理研究所承焕生教授口述告知。

㊾ a. Wang, Rong, Wei-Shan Zhang. 2011. Application of Raman spectroscopy in the nondestructive analyses of ancient Chinese jades. *Journal of Raman Spectroscopy* 42(6): 1324 - 1329. b. Wang, Rong. 2011. Progress review of the scientific study of Chinese ancient jade. *Archaeometry* 53(4): 674 - 692.

㊿ 王荣、吴在君:《中国玉器的古代修复工艺研究》,《东南文化》2015 年第 3 期,第 11—23 页。

○51 Gong, Meng-Ting, Rong Wang, Huan-Sheng Cheng. 2013. Preliminary study on the impact of relative humidity on the conservation of jades. *Studies in Conservation* 58(2): 88 - 94.

○52 王荣:《中国古代透闪石——阳起石玉器白化机制研究述要》,《文物保护与考古科学》2017 年第 29 卷第 4 期,第 88—100 页。

○53 Wang, Rong, *et al*. A jade parrot from the Tomb of Fu Hao at Yinxu and Shang Dynasty sacrifice: evidence of Liao sacrifice. *Antiquity*, in press.

○54 a. 王荣、陈建明、聂菲:《长沙地区战国中期至西汉中期漆工艺中的矿物材料使用初探》,《湖南省博物馆馆刊》(第 10 辑),2014 年,第 235—255 页。b. Wang, Rong, Fei Nie, Jianming Chen, Yifan Li. 2017. Study on the ground layer of lacquerwares from between the Mid-Warring States period and the Mid-Western Han Dynasty unearthed in the Changsha region. *Archaeometry* 59(1): 105 - 120. c. Wang, Rong, Fei Nie, Jianming Chen, Yi Zhu. 2017. Studies on lacquerwares from between the Mid-Warring States period and the Mid-Western Han Dynasty excavated in the Changsha region. *Archaeometry* 59(3): 547 - 565.

○55 潘艳:《结合考古学和生物学探索亚洲栽培稻的驯化起源与遗传分化》,复旦大学博士后研究工作报告,2014 年。

○56 a. 潘艳、郑云飞、陈淳:《跨湖桥遗址的人类生态位构建模式》,《东南文化》2013 年第 6 期,第 54—65 页。b. Pan, Yan, Yunfei Zheng, Chun Chen. 2017. Human ecology of the Neolithic Kuahuqiao Culture in East China. In Habu, Junko, J. Olsen, P. Lape (Eds.) *Handbook of East and Southeast Asian Archaeology*, pp. 347 - 377. New

York：Springer Science+Business Media.

(57) 该课题获 2015 年国家社科基金青年项目资助，研究正在进行中。

(58) 该课题为加拿大多伦多大学人类学系、浙江省文物考古研究所、复旦大学文物与博物馆学系三方合作项目，获加拿大人文社科基金项目和复旦大学科研项目的资助，研究正在进行中。

(59) 潘艳：《人类生态视野中的长江下游农业起源》，上海：上海辞书出版社，2017 年。

(60) a. 张斌、承焕生、郑建明：《PIXE 分析浙江德清火烧山窑址出土原始瓷》，《核技术》2014 年第 37 卷第 5 期，050201。b. Zhang, Bin, Huan-Sheng Cheng, Jian-Ming Zheng. 2014. PIXE analysis of proto-porcelain excavated from Tingziqiao kiln site of Deqing (China), *Nuclear Science and Techniques* 25: 030202. c. Li, Yu, Bin Zhang, Huansheng Cheng, Jianming Zheng. 2015. The earliest Chinese proto-porcelain excavated from kiln sites: An elemental analysis. *PlosOne* 10(11): e0139970.

复旦大学科技考古研究院发展规划

建设复旦大学科技考古研究院是贯彻 2017 年 1 月中共中央办公厅、国务院办公厅《关于实施中华优秀传统文化传承发展工程的意见》以及落实国家"一带一路"倡议的重要举措,是学校"双一流"建设规划的重点项目。以下分为两个部分分别对复旦大学科技考古研究院的总体发展及近三年的发展进行规划。

第一部分　科技考古研究院总体发展规划

一、目的与意义

1. 科技考古是当代考古学发展的主要增长点之一

当今,国际考古学界的前沿研究是以学术问题为导向,以科技考古为手段,进一步体现出科学实证的趋势。其操作过程包括大量自然科学相关学科的方法和技术,提取各种材料,进行多种测试、实验和分析,整合各种信息进行逻辑推理,以透物见人的方式重建已逝的历史场景,探讨历史发展规律。

信息提炼、理论阐释、历史重建和探讨历史发展规律已经成为考古学科最主要的学术增长点,而科技考古是提炼考古出土遗迹和遗物中各种信息的重要途径。

从全球范围看,能否在考古学研究中更加广泛、更加有效地运用多种自然科学等相关学科的方法和技术,全面获取信息并开展研究,已经成为21世纪衡量一个国家考古学研究水平的极为重要的标尺。

2. 科技考古能够实现高水平的学科整合

建设科技考古学科不仅能够推动考古学长足发展,从更加广阔的现代学科建设的角度来看,建设科技考古学科还有利于不同学科之间通过资源和知识的整合,共同对以往单个学科无法解决的科学问题进行攻关,取得具有创新性价值的学术成果。

尤其是对参与合作的理科团队而言,考古学研究的需要促使他们凝练新的技术和方法,为进一步拓展科研提供崭新而明确的方向和空间,同时还开辟了理科实用性领域之外的人文关怀。因此,科技考古的发展是一所综合性大学学科交叉建设取得双赢甚至多赢效应的不可多得的优势平台。

3. 推动科技考古在中国考古学发展的过程中发挥积极作用

目前我国考古学的总体现状与国际考古学界的一流水准相比还有较大差距,科技考古在中国还有极大的发展空间。

现在国内实力最强的当属中国社会科学院考古研究所科技考古中心,无论硬件配备(碳十四测年实验室、同位素分析实验室、化学分析实验室、DNA实验室、电镜实验室)还是研究人员的构成(20人,从事科技考古各个主要领域的研究,其中半数以上的人员是21世纪入职的博士后或博士)都属全国第一,地方上的文物考古研究所也开始着手配备相应的科技考古研究人员。北京大学、吉林大学、西北大学、山东大学等多所高校正在积极发展科技考古。国家文物局在2017年的工作计划中专门强调"发展科技考古"。复旦大学应该顺应这个全国性的强化科技考古的发展趋势,引进优秀人才、完善设备配置、加强校内外合作,组建科技考古研究院,争取在中国南方地区科技考古研究中发挥引领作用,着眼于中国考古的全球性对话,打造国际性的考古研讨平台。

二、现有基础

作为高水平多学科综合性大学,复旦大学在开展科技考古方面取得了多项成果。

复旦大学的科技考古具有较长的历史。自 20 世纪 70 年代以来，杨福家院士与北京科技大学的柯俊院士合作，应用质子激光 X 射线荧光分析勾践剑的成分，首开复旦大学科技考古的先河。干福熹院士利用科技手段测试考古出土材料，基本厘清了中国古代玻璃的技术史。现代物理研究所的承焕生教授团队联合文物与博物馆学系及校外的考古研究机构，利用 PIXE 测试古陶瓷的元素构成，为古陶瓷技术研究和鉴定提供了重要的数据库。

早在 20 世纪 90 年代的三峡考古项目中，文物与博物馆学系的高蒙河教授已联合校内多个理科实验室，积极开展人骨古 DNA、人骨微量元素、环境考古等领域的研究，研究结果引起过国内考古学界的关注。陈淳教授与相关研究机构合作，在多个考古遗址开展环境考古研究，取得了有意义的研究成果。潘艳副教授与生命科学学院生态与进化生物学系卢宝荣教授合作，研究长江下游早期水稻驯化与籼粳遗传分化问题，受到国内外考古学界的关注和肯定。

上述研究除了加强文理结合，提取大量考古信息和获得新认识以外，科技考古的研究方法和手段也得到了凝练与发展。数十年磨一剑，这些积累为当前建设学科设置更加系统、涵盖面更加广泛、体制更加完善的复旦大学科技考古研究院奠定了坚实的基础。

三、建设目标

复旦大学科技考古研究院将直接以国际考古学界的一流范式为蓝本，以国际考古学界的前沿课题为指引，以高水平综合性大学为依托，利用复旦大学的多学科综合优势，广泛联系和整合国内外科技考古的学术资源，建立具有国际与国内影响力的、兼具科研、教学和理论创新功能的科技考古研究院，力争逐步在国内外考古界确立具有复旦大学科技考古特色的学术地位。

我们要致力于与国际考古学界的前沿发展趋势接轨，这种努力主要体现在以下三个方面。

1. 以学术问题为导向开展科研

我们充分认识到科技手段只是为考古学所用的研究方法,考古学应当清醒地意识到理论优先和问题导向的重要性。复旦大学的科技考古要紧跟国际学界的前沿趋势,以探究古代社会变迁的动因和过程为导向,对我国古代社会的各个方面做全方位的信息提炼和历史重建。当今,国际考古学界将人类起源、农业起源和国家文明起源作为三大基本的战略性问题。我们将基于中国的考古材料,围绕这三大战略问题,有选择地制定科研攻关目标,突出科研成果的特色和亮点。

2. 以科技考古为复旦大学考古学科的快速成长打开局面

长期以来,不具备田野发掘团体领队资格,以及没有或少有考古发掘遗址,是复旦大学考古学团队开展研究的硬伤,一手材料的缺乏阻碍了复旦大学考古学的科研实践、成果产出和人才培养。所以,要在国内外考古学界树立复旦大学考古的品牌,必须另辟蹊径,走出一条与传统发展轨迹不同的道路。在中国当下的考古实践中,科技考古可以从特定的角度接触、采集以往被忽略的考古出土材料,通过文理结合,开展合作研究,进行深入解读,提出独到的见解,取得创新性成果。这种发展战略将推动复旦大学科技考古研究院扬长避短,在中国考古学术发展的转型期快速成长,确立自身的地位。

3. 打造各研究领域高度整合的科技考古团队

与国外高校的考古学教授大多擅长某个科技考古领域的状况相比,国内高校的考古学教学人员大多是特定历史阶段或某个地区的考古专家。科技考古在国内的考古研究体系中尚有极大的发展空间。我们在规划组建复旦大学科技考古研究院的过程中,强调各研究领域的实用性与整合度。对研究人员的物色和考察也特别关注其专业特长之间的互补性,尽可能形成既有专业分工,又有相互补充的人员格局。通过打造一支高度整合互补的团队,我们有望凭借多领域、跨学科的综合研究,拿出具有优秀水平的成果。同时,复旦大学科技考古研究院也将为中国考古的学科建设贡献自己的力量。

四、研究方向与内容

复旦大学科技考古研究院重点发展的专业方向基本可归为两类:生物考古、古代人工制品科技考古。

在国际考古学界的分类体系中,生物考古包括动植物考古、同位素分析、体质人类学与古病理分析、分子遗传学这几个分支。考虑到复旦大学生命科学学院在分子遗传学、体质人类学与古病理分析等方面的学科优势,我们之间可以通过合作研究,完成课题,故我们的生物考古主要围绕动植物考古、同位素分析进行。

古代人工制品科技考古则因其研究对象的材质不同而涉及不同类型的研究方法,暂将其分为硅酸盐制品科技考古和冶金考古两个方向。

以下分别阐述。

1. 生物考古学
(1) 植物考古

植物考古又可再分为大植物遗存、植硅体、孢粉、淀粉粒等一系列微体植物遗存分析,一般根据植物遗存的形态特征,兼及化学、物理、生物等性质对物种进行鉴定。植物考古研究能用于揭示特定人群利用植物资源的情况、农业起源与发展的过程,反映人类生存的气候、地形、水热等环境要素,帮助分辨物种的野生与驯化属性等。此外,我们还规划建立现生植物标本库,并配合开展传统民族植物资源调查和实验考古,把现生植物资源信息与考古出土现象有机结合,将大大提升考古材料的理解空间与解读能力。我们还设想,植物考古将不限于当下探索水稻和小米的主食谷物的起源,以后应该探索先民对各种植物的利用历史,如蔬菜、香料、染料、调味品、饮品、纺织品等起源,以及对这些植物利用的全球化过程,其成果将不亚于主食谷物的驯化研究。

(2) 动物考古

动物考古以古代的动物遗存作为研究对象,动物考古能与植物考古互补,同时也是环境考古研究的一个重要方面。动物考古的主要任务已经从过去的物种鉴定和家畜的分辨,扩展到基于对动物遗存的鉴定,认识与人类文化活动相关的动物群的个体数量、年龄与性别结构、遗传性状、驯野属性、病理特征等要素,探讨人类生计和生产的各个方面,比如获取肉食资源方式、骑乘、畜力、奶制品、骨器、皮革和毛纺织品的利用和发展过程的研究;从动物祭祀的角度进行探讨,还可以研究与古代社会礼制的形成与发展的相关内容。动物与植物遗存的整合分析能够更加全面地反映古代社会的经济基础及经济基础与上层建筑的相互关系、人类如何处理自身与环境之间的关系,从整体上充实和完善中国古代农业史。与植物考古学相似,动物考古与民族学调查、实验考古、埋藏学的结合也会增强对出土材料的阐释能力。

(3) 同位素分析

稳定同位素分析应用于对人骨、动物骨骼、植物材料以及沉积土样进行检测。碳、氮稳定同位素常用于指示人或动物个体的长期饮食结构,指示碳水化合物种类、肉食种类与来源;锶和氧同位素对于指示生物体长期生活的环境以及传播迁移有较大价值。同位素分析与动植物考古相结合能够揭示人类的食谱构成与变迁、不同社会阶层的食谱差异、动植物物种的长距离交流、驯化物种的传播路线与特殊事件等人类文化演进中的重要过程。此外,在中国考古中对某种同位素的专门研究也将促进基本参照系的数据积累和具有中国特色的探索,从而奠定我们在某些领域的独特地位。

2. 古代人工制品科技考古

(1) 硅酸盐制品科技考古

考古出土的人工制品中有大量属于硅酸盐类的材料,包括石制品、陶瓷、玉器、玻璃及其他矿物质地的制品。陶瓷的岩相学分析是基础地质学与陶器工艺分析结合形成的一个学科交叉领域。它基于陶器制作中的受力模式和化学变化与某些地质成因有共通之处的原理,通过对陶瓷器截面切片标本进行岩相分析,来判断该陶器结构和机理的成因,从而为原料产地和制作工艺提供直接或间接的信息。因此,越是粗糙和有明显工艺特征残留的标本,岩相分析所能提供的有关原料制备、加工程序、塑形手法等信息越丰富和完整。此外,岩相分析与其他分析手段的结合,如 PIXE 成分分析、3D 扫描成像等,能够帮助确定一些特定工艺特征的成因,使我们更加全方位地复原陶器或瓷器烧造的过程。这类大宗人工制品生产信息的解读对认识一个社会的工艺技术、社会经济结构、劳力组织、财富分配、物资流动、权力形成、文明与社会复杂化进程等宏观问题具有很高的学术价值。

在国际上,这种方法已广泛用于研究陶器的制作工艺以及与之相关的文化历史问题,但在国内,同类研究与实验室建设仍然是空白。我们应当认识到,中国考古中最大量的出土材料就是陶瓷器,在传统类型学(陶器)和鉴定(瓷器)分析之外,亟待一种更具客观性和可操作性的方法参与其信息解读。更应引起重视的是陶瓷同源,瓷器是中国古代特有的技术发明,至今尚没有学者对此做过系统的岩相学研究,这是极具突破性潜质的探索领域。

我们计划逐步拓宽科学问题和时空范围,积极吸引人才,搭建实验室,抓紧数据库建设与经验积累,最终实现能够独立主持系统的陶瓷器制作工艺研究,并与国际学界接轨。

(2) 冶金考古

青铜是铜和锡的合金,有时还含有铅。作为中国古代文明的象征之一,中国的青铜器以其美轮美奂的造型和高超的制作技术闻名于世,青铜冶铸技术也促进了中华早期文明的发展进程。铁器虽其貌不扬,但因其比青铜器有着更好的使用性能及更高的技术要求而得以开创一个新的时代,特别是中国古代发明的生铁冶炼及利用生铁制钢的技术,不仅是世界冶金史上的一大创造,也为秦汉帝国的建立提供了物质基础。对青铜器、铁器、金银器和其他古代使用的金属及其制作技术进行金相分析、同位素分析、微量元素分析和电镜观察等多种观察、检测和分析,不仅可以了解中国古代金属技术的发展历程,而且可以探讨有关不同地区的文化交流、技术传播以及社会发展的问题。这是一个亟待努力开发与拓展的研究领域。

综上所述,复旦大学科技考古研究院要建设成为集生物考古、人工制品科技考古、考古为一体的具有综合科研能力的研究院。

五、建设周期

科技考古研究院的建设周期为 5 年,前 3 年为一期规划,后 2 年为二期规划。一期规划主要建设生物考古研究中心,二期规划主要建设以陶瓷考古和冶金考古为主的人工制品科技考古中心。

六、科研团队与人员构成

科技考古研究院拟构建一支三层梯队结构的科研团队。第一梯队是在学界具有广泛号召力、影响力和资源吸引力的院士或权威专家。第二梯队由国内科技考古有名望和地位的领军人物担当。第一、第二梯队的专家同时作为每个大方向的学术带头人。第三梯队由年富力强的研究骨干组成,是能够在科研一线发挥积极作用的核心研究力量。

1. 校内参与单位

(1) 文物与博物馆学系

包括考古学、文化遗产、博物馆学、文物保护4个学科方向。

(2) 信息科学与工程学院

以干福熹院士为首的团队,在古玻璃、古玉器的科技研究等方面具有领先优势。

(3) 现代人类学教育部重点实验室

复旦大学的现代人类学实验室是目前我国唯一从事分子人类学研究的教育部重点实验室。它以人群的遗传结构研究及其应用为中心,旨在揭示在人类进化过程中人群间和个体间的体质、生理、病理等差异及其形成机制,为疾病的发生和预防研究提供线索,为解决相关人文科学问题提供方法和工具。在现代人群遗传结构、人类分子进化、体质人类学、古代人类DNA研究、分子流行病学、计算生物学、语言学、民族学和考古学等方向开展多学科交叉研究。主要参与人员有金力、李辉等。

(4) 生命科学学院生态与进化生物学系

卢宝荣教授的课题组与文物与博物馆学系的潘艳博士合作,完成了两项关于亚洲栽培稻早期驯化和籼粳分化的植物考古研究,并在古植物DNA的研究中取得了一定的突破。今后将继续合作。

（5）现代物理研究所

现代物理研究所在 PIXE 元素测定方法应用于古陶瓷研究方面积累了大量合作成果，对史前陶器、原始瓷、越窑、龙泉窑等陶瓷烧造技术的研究达到了国内领先的水平，期望今后能更好地把考古学问题和科技测试手段提供的信息整合起来，达到系统解释陶瓷技术演变与人类文化关系的目标。主要参与人员有承焕生、张斌。

2. 校外参与单位

主要有中国社会科学院考古研究所、江苏省考古研究所、浙江省文物考古研究所、上海博物馆、上海市文物保护研究中心、中国科学院上海硅酸盐研究所、中国科学院大学人类学与考古学系、北京大学考古文博学院、吉林大学边疆考古研究中心、山东大学历史文化学院、兰州大学西部环境教育部重点实验室等多个科研教学机构，拟与这些机构在考古学及科技考古各个领域建立长期合作的关系，共同开展研究和交流。

七、建设资源需求

1. 人才引进

（1）团队规模标准

复旦大学科技考古研究院的岗位编制参照国内外同类一流的成熟团队的状况进行规划，以下列举中国、欧洲、北美的团队各一。

中国社会科学研究院考古研究所科技考古研究中心在国内科技考古中无出其右，其编制为 20 人（不包括行政人员）。专业方向涵盖碳十四测年、环境考古、人骨考古、动物考古、植物考古、同位素分析、DNA 分析、冶金考古、陶器科技考古、玉石器科技考古等。

英国剑桥大学专门从事科技考古研究的 McDonald 考古研究所有 18 个正式教职，实验室技术员 3 名。专业方向包括地质考古、动物考古、植物考古、古代 DNA、同位素考古等。

加拿大多伦多大学人类学学科位列 QS 国际排名第十二位、加拿大第一位，其人类学系中涉及科技考古的正式教职为 15 个。专业方向包括植物考古、动物考古、体质人类学、灵长类学与人类起源和进化、分子人类学、人工制品研究等。

（2）岗位设置

鉴于上述几个国内外一流科技考古团队的人员编制都在 15—20 个正式教职或研究员的规模，我们也将基本依此水平进行规划。本研究院计划在前五年建设中，基于已有的科研人员，达到总人数 15 人的规模。其中，主要研究人员 15 名，为正式教职，以领军人才、青年研究员、双聘人员的身份聘用，主要为考古 2 人，植物考古 2—3 人，动物考古 2—3 人，环境考古 1 人，人骨考古 1 人，同位素分析 1 人，DNA 分析 1 人，陶瓷考古 2 人，冶金考古 1 人，残留物分析 1 人；辅助研究人员 3 人，为实验室技术员，以科研助理和博士后的身份聘用。

2. 实验室场地

根据五年建设蓝图，科技考古研究院需要总计 240 平方米左右的实验室、标本室和办公空间。

3. 设备与经费

科技考古研究院前 5 年建设共需经费约 400 万元人民币。经费使用的时间分配如下：

第一、二年度（2017—2019 年），生物考古研究中心和古代人工制品科技考古中心的基础建设，需 240 万。

自第三年度起，每年日常经费与仪器维护为 50 万左右；同时，根据引进科研人才的专业方向，逐年建设相应的实验室，使用相应数额的经费。

第二部分 科技考古研究院第一期发展规划（三年）

近三年（2017—2020 年）的建设目标为：开展多项科研项目和合作研究，建立以生物考古为特色的科技考古科研、人才培养和学术交流基地。

一、建设目标和任务

复旦大学文物与博物馆学系现有的研究人员中袁靖、董宁宁从事动物考古，潘艳从事植物考古，董惟妙从事同位素分析，计划在这样的人员基础上建立植物考古实验室、动物考古实验室和同位素分析实验室，同时加强与复旦大学生命科学学院的合作，开展 DNA 研究，从而为全方位地开展生物考古研究奠定基础，努力做到在研究思路和研究成果上，逐步在国内考古界发挥重要作用。

三年内（2017—2020 年）建立生物考古研究中心。主要围绕长江下游地区新石器时代遗址出土的动植物遗存开展多学科交叉研究，在此基础上结合考古学文化进行分析，探讨当时生业、文化与社会的特征与发展水平。建立以生物考古为特色的科技考古科研、人才培养和学术交流基地。

二、生物考古课题

我们以生产力决定生产关系、经济基础决定上层建筑这个历史唯物主义的基本观点为指导，适应国际考古界聚焦生业经济与社会政治相互关系的研究趋势，针对中国考古界在该领域研究较为薄弱的现状，将中国古代生业经济状况、生业经济与上层建筑的相互关系作为主攻方向。以下分为现在在研的课题和计划拓展的课题两大类。

1. 现有在研课题

我们聚焦长江下游和新疆这两个重要文化区，从全球考古战略性问题和中国史前社会文化演进重要节点的双重角度出发，通过开展科技考古的跨学科综合研究，探讨有关农业起源、早期国家、中西文化交流的关键性问题，为国际考古学界贡献高质量的中国考古学案例。三个正在进行的课题如下：

（1）长江下游农业起源研究

我们以国际考古学界的人类生态位构建理论为指导，对长江下游地区全新世早中期的上山文化、跨湖桥文化、河姆渡文化、马家浜文化所代表的农业起源早期阶段，进行植物遗存、动物遗存、同位素分析的综合研究，揭示长江下游农业起源的人类生态系统过程和特征。

（2）长江下游早期国家研究

良渚文明是东亚地区最早进入国家形态的社会，是追溯中华文明五千多年历史的物质依据。我们选取江苏兴化蒋庄良渚文化遗址为切入点，从动植物考古、稳定同位素分析和古 DNA 分析等方面系统研究良渚文化发展期间的气候变化、生态环境、贵族和平民食谱差异、族群结构和等级、人口压力与农业强化程度及神权政治的经济基础。

（3）新疆在欧亚草原史前东西文化交流中的作用研究

落实国家"一带一路"倡议，以新疆地区多个遗址出土的人骨的同位素、动植物遗存为证据，开展生业研究，将新疆地区置于欧亚草原东西方交流的大背景之下，探讨与丝绸之路相关的东西方陆上交流，推动中国考古成为全球史讨论的重要组成部分。

2. 拓展新的课题

在执行以上三个课题研究的基础上，我们将全方位地推进对长江下游区域从农业起源到早期文明兴起及崩溃的大时空文化演进过程的研究。

我们拟与上海博物馆协商，加入 2016 年度国家社科基金重大课题"上海广富林遗址研究"。

与国家文物局及相关省市的考古机构协商，申请加入国家文物局"十三五"规划"考古中国"重大研究工程中的项目——"长江下游区域文明模式研究"，争取在研究古代生业状况以及参与田野发掘的任务中担当重任。

拟与宁波市文物考古研究所协商，合作开展考古遗址的科技考古研究。

此外，还将支持和帮助青年科研人员从生物考古研究的角度积极申请国家自然科学基金、国家社会科学基金、国家文物局和上海市政府的相关课题。

三、与国内外科研、教学机构合作

我们的合作分为国外和国内两部分。

1. 国际合作开展生物考古研究

国际合作是为了让复旦大学的科技考古研究院拓宽国际视野、把握全球研究趋势、融入跨国界的学术交流平台。我们优先考虑已经建立长期合作关系的高校和学者，可发展的项目如下。

复旦大学与加拿大多伦多大学之间已有战略合作协议，在此框架内，加拿大多伦多大学人类学系的 Gary Crawford 教授正与潘艳博士合作，开展对浙江史前遗址的研究。Crawford 教授希望未来能将多伦多大学人类学系与复旦大学科技考古研究院的实质性合作拓展到陶瓷分析、人骨考古等领域。

2. 国内合作开展科技考古研究

国内合作分为校内与校外两块。

我们在校内拟与生命科学学院的多个团队合作，主要联系金力教授的人类学团队和卢宝荣教授领衔的生态与进化生物学团队，针对考古遗址出土的水稻、马、牛和羊的遗存开展 DNA 研究，为东亚主要农作物水稻的早期起源和传播，以及丝绸之路开通之前已经存在的中西文化交流贡献创新性成果。

校外合作机构包括中国社会科学院考古研究所、江苏省考古研究所、浙江省文物考古研究所、上海博物馆、上海市文物保护研究中心、中国科学院上海硅酸盐研究所、中国科学院大学人类学与考古学系、北京大学考古文博学院、吉林大学边疆考古研究中心、山东大学历史文化学院、兰州大学西部环境教育部重点实验室等多个科研教学机构，与他们建立长期合作研究关系。

这些举措能保证科技考古研究院的教师长期稳定地获取考古遗址出土的珍贵原始资料，使考古专业的学生有田野实习基地。此外，合作研究也将为逐步拓展新的学术生长点提供宝贵机遇和优质资源，有助于在国内外学术界扩大复旦大学科技考古研究院的影响力。

四、完善科技考古教学课程体系，培训一线考古人员

我们计划以科技考古课程的更新和设置为切口，以国内外先进的教学理

念和模式为主,有机地结合中国考古学的精髓内容,用 3—5 年时间建立起一套比较完整的考古学课程和学生培养模式,使复旦大学的考古教学成为以理论、科技方法创新和比较视野为特色的课程,能够适应当前国际一流大学的学术培养趋势,同时为部分课程奠定申报教育部精品课程的基础。

由于科技考古具有很强的学科交叉特征,研究生培养可以走两个渠道,一是依靠文物与博物馆学系与科技考古研究院的自身师资进行培养,二是联合校内或校外的一流团队共同培养。学生的生源来自考古学一级学科招生,也可以来自合作单位的其他一级学科招生(如生物学、化学)。培养目标完成后,按国家规定授予相应学位,如有可能,授予考古学学位。

科技考古研究院的生物考古研究中心正常运转后,可以考虑与国家文物局合作,举办生物考古培训班,面向全国考古界,培训一线考古人员,为全国考古事业的发展贡献力量。

五、三年预期成果

1. 出版专著和发表论文

生物考古学研究中心拟在 2017—2020 年三个年度内,每年出版一部填补国内考古学界研究空白的著作。

《人类生态视野中的长江下游农业起源》,将填补长江下游地区全新世早中期人类生业经济发展与农业起源专门研究的空白。

《中国科技考古导论》,与国内迄今已经出版的五本科技考古方面的专著相比,本书以系统阐述科技考古的理论、方法和实践而具备独特的创新性。

《中国史前至先秦时期生业》,第一次系统地提出中国史前至先秦时期生业经济的发展模式和区域性特征。

平均每年发表论文 3 篇,注重在国际考古学界的著名期刊发表论文。

2. 科技考古研究院的动植物考古成为国家文物局重点科研基地的组成部分

生物考古研究中心争取成为国家文物局动植物考古重点科研基地的华东地区分部。

3. 科技考古及考古领域的本科生教育和研究生培训模式初具雏形

在本科层面基本建立起与国际接轨的科技考古课程体系,在研究生层面摸索出一套有效的优秀人才发掘和学术训练模式。招收博士研究生和硕士研究生,三年建设完成时,生物考古学方向完成第一批研究生的培养。

4. 举办生物考古培训班

与国家文物局合作,举办生物考古培训班,面向全国考古界,培训一线考古人员。

附　　录

复旦大学科技考古研究院顾问委员会与学术委员会名单

一、顾问委员会名单(10人,按姓氏笔画为序)

顾问委员会由科技界和考古界的院士、学部委员、著名专家担任,主要工作是对科技考古研究院的战略决策进行把关,对宏观的科研方向给予指导。

主　任：杨玉良,中国科学院院士、复旦大学中华古籍保护研究院院长（化学）

成　员：

　　　　干福熹,中国科学院院士（非晶态物理）

　　　　王昌燧,中国科学院大学教授（科技考古）

　　　　王　巍,中国社会科学院学部委员、考古研究所研究员（考古学）

　　　　包信和,中国科学院院士、中国科技大学校长（化学物理）

　　　　刘庆柱,中国社会科学院学部委员、考古研究所研究员（考古学）

　　　　李伯谦,北京大学考古文博学院资深教授（考古学）

　　　　金　力,中国科学院院士、复旦大学副校长（遗传学）

　　　　承焕生,复旦大学教授（核物理）

　　　　赵　辉,北京大学博雅教授、考古文博学院教授（考古学）

二、学术委员会名单（17人，按姓氏笔画为序）

学术委员会由复旦大学文物与博物馆学系和生命科学学院中参与科技考古的教授，以及国内科技考古各个领域的权威人士组成，主要职责是对科技考古研究院的科研项目、人才引进和课程设置等进行具体的业务指导。

主　任：金　力，中国科学院院士、复旦大学副校长（遗传学）
成　员：
　　　　卢宝荣，复旦大学生态与进化生物学系主任、教授（植物学）
　　　　朱　泓，吉林大学边疆考古中心主任、教授（体质人类学）
　　　　刘建国，中国社科院考古研究所科技考古中心主任、研究员（遥感考古）
　　　　吴小红，北京大学考古文博学院副院长、教授（年代学）
　　　　陆建松，复旦大学文物与博物馆学系主任、教授（博物馆学）
　　　　李伟东，中国科学院上海硅酸盐研究所陶瓷考古国家文物局重点科研基地主任、研究员（陶瓷考古）
　　　　李延祥，北京科技大学冶金考古国家文物局重点科研基地主任、教授（冶金考古）
　　　　李　辉，复旦大学生命科学学院教授（遗传学）
　　　　金正耀，中国科技大学科技考古研究室主任，教授（铅同位素分析）
　　　　陈星灿，中国社会科学院考古研究所所长、研究员（考古学）
　　　　陈　淳，复旦大学文物与博物馆学系教授（考古学）
　　　　赵志军，中国社科院考古研究所研究员（植物考古）
　　　　胡耀武，中国科学院大学教授（同位素分析）
　　　　莫多闻，北京大学城市与环境学院教授（环境考古）
　　　　袁　靖，复旦大学文物与博物馆学系教授（动物考古）
　　　　高蒙河，复旦大学文物与博物馆学系教授（考古学）

复旦大学科技考古研究院成立大会暨科技考古研讨会参会人员名单

序号	姓名	单位	职称、职务
1	宋新潮	国家文物局	副局长
2	王 铮	国家文物局文物保护司考古处	副处长
3	褚晓波	上海市文物局	副局长
4	许宁生	复旦大学	院士、教授、校长
5	干福熹	复旦大学	院士、教授
6	金 力	复旦大学	院士、教授、副校长
7	陈志敏	复旦大学	教授、校长助理
8	王昌燧	中国科学院大学人类学与考古学系	教授
9	胡耀武	中国科学院大学人类学与考古学系	教授
10	吕厚远	中国科学院地质与地球物理研究所	研究员
11	李伟东	中国科学院上海硅酸盐研究所	研究员
12	刘庆柱	中国社会科学院考古研究所	学部委员、研究员
13	王 巍	中国社会科学院考古研究所	学部委员、研究员
14	朱岩石	中国社会科学院考古研究所	研究员、副所长
15	赵志军	中国社会科学院考古研究所科技考古中心	研究员、主任
16	刘建国	中国社会科学院考古研究所科技考古中心	研究员、副主任
17	曹兵武	中国文化遗产研究院	总工程师
18	李伯谦	北京大学考古文博学院	教授

续 表

序号	姓名	单 位	职称、职务
19	赵 辉	北京大学考古文博学院	教授
20	徐天进	北京大学考古文博学院 中国考古学研究中心	教授、主任
21	吴小红	北京大学考古文博学院	教授、副院长
22	莫多闻	北京大学城市与环境学院	教授
23	金正耀	中国科学技术大学科技考古研究室	教授、主任
24	李延祥	北京科技大学 冶金考古国家文物局重点科研基地	教授、主任
25	朱 泓	吉林大学边疆考古研究中心	教授、主任
26	靳桂云	山东大学历史文化学院	教授
27	董广辉	兰州大学资源环境学院	教授
28	林留根	江苏省考古研究所	研究员、所长
29	沈岳明	浙江省文物考古研究所	研究员、书记
30	郑云飞	浙江省文物考古研究所 科技考古研究室	研究员、主任
31	王宁远	浙江省文物考古研究所 科技考古研究室	研究员、副主任
32	郑建明	浙江省文物考古研究所	研究员
33	宋 建	上海博物馆考古研究部	研究员
34	陈 杰	上海博物馆考古研究部	研究员、主任
35	杨雪梅	《人民日报》	高级记者
36	李 政	《中国文物报》	编审
37	毛 颖	《东南文化》编辑部	副主编、主任
38	黄 苑	《东南文化》编辑部	编辑
39	李粤江	复旦大学规划处	教授、处长
40	陈玉刚	复旦大学文科科研处	教授、处长
41	卢宝荣	复旦大学生态与进化生物学系	教授、主任
42	承焕生	复旦大学核科学与技术系	教授

续 表

序号	姓名	单 位	职称、职务
43	张 斌	复旦大学核科学与技术系	副研究员
44	陆建松	复旦大学文物与博物馆学系	教授、主任
45	陈 刚	复旦大学文物与博物馆学系	教授、副主任
46	陈 淳	复旦大学文物与博物馆学系	教授
47	袁 靖	复旦大学文物与博物馆学系	特聘教授
48	高蒙河	复旦大学文物与博物馆学系	教授
49	杜晓帆	复旦大学文物与博物馆学系	教授
50	潘碧华	复旦大学文物与博物馆学系	副教授
51	王 荣	复旦大学文物与博物馆学系	副教授
52	潘 艳	复旦大学文物与博物馆学系	副教授
53	董惟妙	复旦大学文物与博物馆学系	讲师
54	董宁宁	复旦大学文物与博物馆学系	讲师

后　记

编辑《中国科技考古纵论》的全部文稿时，和各位老师、同学一起筹备成立复旦大学科技考古研究院的历历往事重新浮现在眼前。重温国家文物局和学校领导对科技考古研究院的殷切期望，回想广大师生对科技考古研究院的美好憧憬，面对各界人士对科技考古研究院的热情关注，我在这里想用五个关键词来阐述我们的思考、表达我们的决心。

第一是潮流。陈寅恪先生在为陈垣先生《敦煌劫余录》一书所作的序中说道："一时代之学术，必有其新材料与新问题。取用此材料，以研求问题，则为此时代学术之新潮流。"今天，考古学已经逐渐发展成为一门以人文社会科学研究为内容、广泛采用自然科学等相关学科的研究方法和技术的学科。能否在考古学研究中更加广泛、更加有效地运用多种自然科学等相关学科的方法和技术，对新的材料开展研究，探求新的问题，已经成为21世纪衡量一个国家考古学研究水平的极为重要的标尺。科技考古研究院正是顺应这个世界考古学发展潮流的产物。

第二是科学。居里夫人说过："人类看不见的世界，并不是空想的幻影，而是被科学的光辉照射的实在。"严格意义上的科学包括周密的逻辑推理和严谨的实验测试。以往的考古学研究主要实行的是通过从发掘出土的、肉眼可以看到的人工遗迹和遗物的形状特征入手、进行探讨的模式。现在，我们要把这种研究模式拓宽到收集遗址中出土的各种遗存，其中包括不少肉眼无法看到的遗存，我们应用相关的自然科学方法和技术，对这些遗存开展各种鉴定、测试和分析。我们的整个研究过程不但要填补原来研究中的空白，还要把结论建立在更加科学的基础之上。科技考古研究院要在突出方法论的系统性、科学性上精益求精,要在加强研究结论的全面性、合理性、创新性上发挥不可替代的重要作用。

第三是人文。夏鼐先生说过:"考古学是历史科学的两个组成部分之一。"考古学的研究目标是探讨人类历史的发展过程、动因及其规律。我们科技考古担当的重任不仅仅是在考古学研究中应用多少科技的方法,更重要的是从科技考古的角度全面参与研究,深入探讨在世界上独具特色的中国古代历史。科技考古研究院要逐步融入中国考古学研究之中,从现在中国考古学研究中较为薄弱、甚至还有不少空白之处的古代生业状况入手,在全面揭示各个考古学文化的经济基础及经济基础与上层建筑的相互关系中做出自己独到的贡献。

第四是学风。马克思说过:"在科学上没有平坦的大道,只有不畏劳苦沿着陡峭山路攀登的人,才有希望到达光辉的顶点。"我们用科技考古的方法进行研究,属于应用新的研究方法,考古发掘出土的资料往往包含了全新的信息。应用新方法挖掘出新的信息,似乎给人一种出手不凡的印象,一种创新的感觉。但是,如果简单地停留在这种印象和感觉上,那是比较肤浅的。我们要时刻牢记,科技方法在考古中的广泛应用,还需要一个长期的适应和完善的过程,我们发现的某种考古现象背后,可能包含着多种复杂的因素,需要仔细斟酌、反复推敲。严谨、扎实、刻苦、执着——这些科学探索的宝贵品质,将不断激励我们前行。科技考古研究院要做弘扬科学精神的典范。

第五是感恩。哲学家洛克说过:"感恩是精神上的一种美德。"感谢我们的祖先给我们创造了如此灿烂辉煌的历史文化,在世界上彰显出东方文明的特色。感谢考古研究人员在发掘过程中历经辛苦,为我们的研究提供了珍贵的资料。感谢学校对科技考古研究院的鼎力支持,从人、财、物等多个方面给予倾斜。感谢文物与博物馆学系为我们设计、搭建一个施展身手的平台,确保我们心无旁骛地做好科研。感谢各家科研及教学机构的先生、老师和同行们,帮助我们拓展思路、完善实验条件,推动我们在科研和教学的征途上快马加鞭。我们要永远怀着感恩之心,竭尽全力,用优秀的科研成果和高水平的教学实践报效祖国、报效人民、报效社会、报效中国考古事业、报效复旦、报效文博系。用我们的实际行动逐步彰显复旦大学科技考古研究院的光辉形象。

我们在这本书里还特别发表了美国哈佛大学人类学系主任傅罗文（Rowan Flad）教授和英国利物浦大学考古系主任基斯·多布尼（Keith Dobney）教授于 2017 年 12 月 11 日和 2018 年 6 月 4 日分别在科技考古研究院做的精彩讲演的全文。他们在讲演中表达的研究思路和具体实例，对于我们做好科技考古研究是重要的启示。

这里还要忠实地记录全体老师和同学们为科技考古研究院的成立完成的每一项工作，衷心感谢大家为此付出的辛勤劳动。

在陆建松老师的领导下，陈刚、陈淳、袁靖、潘艳、董惟妙等老师一起讨论制定科技考古研究院的规划，由潘艳老师负责执笔起草，这份规划前后修改达十余次，最后由陆建松老师定稿。由潘艳老师组织杜朝霞、董惟妙及董宁宁等老师一起拟定此次会议的程序并开始落实。陈刚、王荣、潘艳、董惟妙、董宁宁分别制作了图文并茂、反映文物与博物馆学系和其他相关院系几十年科技考古研究历程的 6 张壁报。潘艳老师病倒后，由潘碧华老师接替负责人的工作，王荣、周婧景两位老师也加入会务组团队，在潘碧华老师的领导下，大家克服各种困难，认真落实各项事务。俞蕙、刘守柔两位老师也随叫随到，保证会议筹备工作的顺利进行。此外，董宁宁老师还一直负责会议的通讯报道工作，及时向新闻媒体提供第一手资料。最终，我们大家不负众望，保证了会议的顺利召开并取得圆满成功。

文物与博物馆学系的 55 名本科生、研究生作为志愿者参与会议的筹备和召开期间的全部事务性工作。接待组的同学们分别在虹桥机场、浦东机场和虹桥高铁站迎接参加会议的嘉宾，保证各位嘉宾走出机场或高铁站就能看到复旦大学科技考古研究院的牌子，见到接站同学们亲切的笑脸。签到组的同学们在宾馆大堂和会场门口热情接待每一位代表，做到认真讲解和细心照顾，使与会嘉宾感到如沐春风。材料组的同学们负责设计、制作海报，确保宣传展示达到最佳效果，同时协助编写、打印和张贴会议材料，大家各司其职，保证会议手册准确无误，海报和壁报独具特色。设备组的同学们认真抓拍每一个画面，为科技考古研究院留下众多精彩的瞬间，成为永久的记忆。会场组的同学们端庄有礼，落落大方，尽显复旦学生的风采，圆满完成任务。录音转文字组的同学们仔细聆听各位领导和代表们的发言，会后对照录音，完成全部文字的整理和校对工作，得到每位发言者的赞赏。可以说，同学们的尽心尽力是我们开好此次会议的重要保证，这里按照姓名笔画的顺序，写上这些同学的名字，他们是丁乐乐、马延飞、马鸣远、王子令、王君婕、王倩云、卢佳悦、吕进业、吕维敏、朱旭初、朱瑛、朱熠蕾、许颜、麦蕴宜、李会冉、吴闻馨、邱晓玲、汪哲涵、沈靓皑、宋雨晗、张可儿、张安、张丽、张勇、张蓊、陈弘、陈梦佩、邵青、单适、赵娜、郝芸多、郝雪琳、胡芳博、段继明、姜欣、秦婷、聂然、贾秋晨、顾艳艳、奚洋、凌悦扬、曹捷、曹婧、盛逸心、张爱星、程思茜、傅嘉伟、鲁茵。再过几年，这些同学就要从复旦大学毕业，开始自己新的出彩人生。科技考古研究院会一直记住由于他们的积极参与，使此次成立大会暨学术研讨会取得圆满成功的光辉经历。

科技考古研究院已经正式成立了，在今后漫长的征途中，我们一定要不忘初心，做好科技考古的研究和教学工作，在实践中多出科技考古研究的精品，培养更多的学生从事科技考古研究，为推动中国考古事业的持续发展，为扩大复旦大学的深远影响，努力拼搏，奋勇向前。

图书在版编目(CIP)数据

中国科技考古纵论/袁靖主编. —上海:复旦大学出版社,2019.2
(复旦科技考古文库)
ISBN 978-7-309-14134-4

Ⅰ.①中… Ⅱ.①袁… Ⅲ.①科学技术-考古-研究-中国 Ⅳ.①K875

中国版本图书馆 CIP 数据核字(2019)第 011292 号

中国科技考古纵论
袁 靖 主编
责任编辑/史立丽

复旦大学出版社有限公司出版发行
上海市国权路 579 号 邮编:200433
网址:fupnet@fudanpress.com http://www.fudanpress.com
门市零售:86-21-65642857 团体订购:86-21-65118853
外埠邮购:86-21-65109143 出版部电话:86-21-65642845
上海四维数字图文有限公司

开本 787×1092 1/16 印张 13.25 字数 199 千
2019 年 2 月第 1 版第 1 次印刷

ISBN 978-7-309-14134-4/K·688
定价:40.00 元

如有印装质量问题,请向复旦大学出版社有限公司出版部调换。
版权所有 侵权必究